U0598201

"MUSHICHANG XIAOYING" LILUN
JIQI YINGYONG YANJIU

"母市场效应"理论及其应用研究

祁 飞 /著

中国财经出版传媒集团

经济科学出版社

Economic Science Press

图书在版编目（CIP）数据

“母市场效应”理论及其应用研究／祁飞著．—北京：经济科学出版社，2016.10
ISBN 978 - 7 - 5141 - 7289 - 8

Ⅰ.①母…　Ⅱ.①祁…　Ⅲ.①市场效应 - 研究
Ⅳ.①F713.50

中国版本图书馆 CIP 数据核字（2016）第 232369 号

责任编辑：周国强
责任校对：王苗苗
责任印制：邱　天

“母市场效应”理论及其应用研究
祁　飞　著
经济科学出版社出版、发行　新华书店经销
社址：北京市海淀区阜成路甲 28 号　邮编：100142
总编部电话：010 - 88191217　发行部电话：010 - 88191522
网址：www. esp. com. cn
电子邮件：esp@ esp. com. cn
天猫网店：经济科学出版社旗舰店
网址：http: //jjkxcbs. tmall. com
北京密兴印刷有限公司印装
710 × 1000　16 开　11.5 印张　210000 字
2016 年 10 月第 1 版　2016 年 10 月第 1 次印刷
ISBN 978 - 7 - 5141 - 7289 - 8　定价：58.00 元
（图书出现印装问题，本社负责调换。电话：010 - 88191502）
（版权所有　侵权必究　举报电话：010 - 88191586
电子邮箱：dbts@ esp. com. cn）

　　本研究得到湖南省社科基金一般项目（15YBA296）、湖南省"十二五"重点建设项目产业经济学、湖南省高校科技创新团队"农地流转与农业经营方式转变创新团队"、湖南省社会科学研究基地"现代农业经营方式研究基地"的资助。

前　　言

2008 年，我在复旦大学攻读经济学博士学位，师从李慧中教授。恰逢李老师当时有个教育部项目"扩大内需与中国对外贸易的母市场效应"。李老师让我主要参与他这个项目的研究，我万分高兴。当时，相对于其他还没有固定研究方向的博士同学来说，我早早找到了方向，的确是幸运之极。从此，我和"母市场效应"理论结下了不解之缘。

根据李老师课题的研究思路，我们当时对于"母市场效应"的研究是在新贸易理论的框架下进行的，主要是从新贸易理论的角度解读该理论，课题研究的主要目的在于检验中国制造业对外贸易"母市场效应"的存在性。为此，我们做了大量的实证研究工作。我们既检验了中国制造业总体对外贸易"母市场效应"的存在性，又检验了制造业各子部门"母市场效应"的存在性，由于数据来源的不同，我们在考察制造业子部门时，又区分了产品层面的 HS 码和 ISIC 码。在传统劳动力比较优势日减的情况下，我们做这些研究主要是为了寻求制造业出口在规模经济上的新优势。就这样，我们基本完成了该项目研究的主要内容，而我也顺利完成我的博士学位论文，从复旦大学经济学院毕业了。

2013 年，回到家乡二本高校作为一名普通教师的我，开始思考这样的问题：我们从前一直检验"母市场效应"的存在性，如果它存在了，那又会怎样？是不是单纯只有贸易上规模经济优势这样的含义？于是，我开始着重从"母市场效应"理论的经济地理学含义出发来拓宽对于这一主题的研究。于是，有了我自己主持的教育部项目"母市场效应与中国区域不平衡的内生性研究"。我开始利用这一理论来探讨中国区域不平衡的内生性问题,用它作为工具去考察中国明显早已形成的沿海与内地的中心-外围模式。

上述两个课题的研究成果构成了本书的主要内容。当然,我们对于"母市场效应"理论的研究主要是在新贸易理论和新经济地理学的框架下进行的。然而,当前从贸易理论上来讲,人们除了关心区域和行业层面的异质性外,更加关注厂商层面的异质性,并逐渐涉及产品垂直差异化、出口目的地的异质性,甚至是消费者的非位似偏好等问题;从新经济地理学角度来看,同样也涉及不同生产力水平厂商的区位选择问题,而本书的研究还没有过多涉及这些问题,而上述这些更为前沿的领域,则是本书的作者正在进行和未来需要进一步研究的问题。

祁 飞

2016 年 8 月

第一章 导 论

第一节　问题的提出

改革开放以来，中国经济持续高速增长，很大程度上来源于出口的拉动。但是随着全球经济格局的变化，特别是最近爆发的全球金融危机，出口拉动型增长正面临着越来越多的问题。正如帕利（Palley，2002）所言，发展中国家依赖出口拉动经济增长会有如下弊端：第一，会限制其国内市场的发展，同时加剧发展中国之间的贸易竞争。第二，出口拉动型增长通过创造过度投资导致金融市场不稳定。第三，长期来看，会导致发展中国家贸易条件的恶化；最重要的是，由于出口拉动型经济增长对外需的过度依赖，当出现金融危机时，发达国家经济的衰退和滑坡会直接影响发展中国家经济的增长。从2009年开始，中国的出口增长明显减缓，出口对 GDP 的拉动为负，制造业许多部门特别是劳动力密集部门出口下降不少，这说明外需的缩减，伙伴国经济的衰退对中国制造业出口造成了很大的影响，对外需的过度依赖使中国经济受全球经济形势恶化的影响严重。同时中国的出口结构不合理，顺差主要还是来源于高度劳动密集部门，出口面临着成本上升导致的不可持续性。出口拉动经济增长并非发展中国家的最优策略，发展中国家应将经济增长方式转向内需拉动。20 世纪末的亚洲金融危机及此次全球金融危机的爆发，不少出口拉动型增长的发展中国家都逐渐将经济增长方式由外需转向内需拉动，扩大内需也是中国今后相当长一段时间主要的经济政策之一。2008 年国务院提出了扩大内需促进经济增长的十项措施，2011 年又将扩大内需这一经济政策纳入"十二五"规划纲要，这意味着中国正部署经济社会由外需向内需的转型。我们不禁要问，在降低对出口的依赖，将经济增长方式由外转内时，中国出口拉动经济增长的政策是否已经过时？内需的扩大对中国制造业出口从量上和结构上将造成何种影响？在出口面临困境，劳动力成本上升成为必然趋势时，中国制造业出口优势从何而来？这一系列问题是本书关注的第一块重要内容。

同时，随着这些年中国对外贸易的发展，中国区域经济发展不平衡程度正在加剧，中国沿海与内地的收入鸿沟正不断拉大。这一不平衡已形成了一个显著的中心—外围模式：沿海区域的农业就业和产出份额正不断下降，而制造业特别是出口型企业则高度集中，成为经济发展的中心，而广大中西部地区则似乎已成为逐渐"去工业化"的外围地带。虽然从 2006 年开始，这种状况得到了一定程度的缓解，但是沿海区域的人均 GDP 还是超过全国人均GDP 将近 60%，沿海区域的出口虽然占全国总出口的份额呈现缓慢下降的趋势，但在 2012 年还是占到了 83%；而内地的人均 GDP 则低于全国人均 GDP的 10%，同时其出口占全国总出口的份额虽然在缓慢上升，但即使在最高的2012 年，也才占到 17%。对外贸易往往通过厂商区位的选择从而改变一国内部的经济地理，引起区域不平衡发展。如果我们寻求到贸易上新的比较优势，却反而加剧了国内区域不平衡发展，这将与中国"和谐社会""共同富裕"等目标背道而驰。因此，既要发展贸易经济，又要促进区域协调发展将是本书关注的第二块重要内容。

而上述两块内容我们可以统一用一个理论从理论上和实证上做出解释和分析。这一理论就是"母市场效应"（Home Market Effects）理论。"母市场效应"理论由克鲁格曼（Krugman，1980）首次提出，是指在规模报酬递增，产品差异化情形下，一国如果对某种产品有较大的国内需求，那么该国会成为该种产品的净出口国。"母市场效应"理论意味着行业内需对出口的促进作用，学界常常使用该理论来检验新贸易理论。从第一块内容来看，我们完全可以利用"母市场效应"理论在贸易上的含义进行解释分析。因为制造业部门往往具有规模报酬递增的特征，符合"母市场效应"存在的一些前提假定，如果我们做中国制造业对外贸易"母市场效应"的经验研究，就可以弄清楚不同的制造业部门其内需和出口的关系，从而探讨扩大内需政策对制造业出口结构的影响。而且"母市场效应"理论意味着规模经济也是贸易的重要动因，如果中国制造业一些部门存在着"母市场效应"，那么我们就可以在劳动力比较优势日减的情况下，寻求到内需扩大导致的规模经济优势，这对于巩固和提高中国对外贸易的地位具有重要意义。对于这块内容的研究主要体现在对"母市场效应"理论本身的探讨上面。

如果我们只认识到"母市场效应"理论在贸易上的含义，停留在对该理论进行理论上的探讨和实证上的检验，则难免片面。实际上，克鲁格曼（Krugman，1991）在其新经济地理学模型中将"母市场效应"与厂商的区位决策结合在一起,认为"母市场效应"的存在是导致厂商空间集聚的必要条件,强烈的"母市场效应"会导致中心—外围(core-peripheral)模式的形成。目前,这一理论作为新贸易理论的重要组成部分和新经济地理学范式的重要特征,正受到学界越来越多的关注。虽然"母市场效应"对中国经济发展产生很强的正外部性,但如果不去考察"母市场效应"所带来的产业在空间上的不平衡分布所导致的区域发展不平衡,是不可思议的。因为从"母市场效应"的经济地理学含义来讲,"母市场效应"会导致产业在区域的集聚,从而导致区域间产业结构的差异和区域间部门内生产力水平的差异,这两种差异均会导致区域发展的不平衡。本书将利用"母市场效应"的经济地理学含义从理论和实证上去探讨上述第二块重要内容。对于这块内容的研究主要体现在"母市场效应"理论的应用上。

第二节 国内外研究现状评述

一、对"母市场效应"理论已有研究简要述评

自从克鲁格曼(Krugman,1980)提出"母市场效应"理论之后,随后的经济学家对"母市场效应"进行了众多理论和实证上的研究工作。理论上,主要是对克鲁格曼(Krugman,1980)模型的诸多假定进行放松和修改,并对影响"母市场效应"强度的参数进行考察(Davis,1998;Amiti,1998;Head & Ries,2002;Larch,2003;Toulemonde,2005;Holmes & Stevens,2005;Yu,2005;Suedekum,2006;Crozet & Trionfetti,2008;Behrens et al,2009)。这些研究着重分析了运输成本、产品替代弹性、异质性企业、跨国公司、多国情形等对"母市场效应"存在性的影响,同时藤田昌久等人(Fujita et al,1999)、奥塔维亚诺(Ottaviano,2001)还着重分析了"母市场效应"所带来的横向福利含义和全球福利含义。实证研究上,主要是对"母市场效应"的存在性进行检验,分成两条路径:一是将"母市场效应"理解为需求对产量的放大效应,从需求和产量的线性关系来进行考察(Amiti,1998;Davis & Weinstein,1996,1999,2003;Head & Ries,2001等);二是

直接从内需和出口的关系来考察（Feenstra，2001；Schumacher，2003；Weder，2003；Hanson & Xiang，2004 等）。国内对"母市场效应"的研究理论上如钱学峰、梁琦（2007）对该理论进行了系统深入的介绍，而更多的是一些实证上的检验，如张帆、潘佐红（2006）关于中国省间贸易"母市场效应"的存在性检验，范剑勇、谢强强（2010）对中国区域"母市场效应"存在性的检验，祁飞（2011，2012）、李慧中等（Huizhong Li et al，2012）关于中国制造业对外贸易"母市场效应"存在性的检验。

二、对区域不平衡问题的研究

关于区域不平衡的上升有几种重要的解释：比如经济分权、倾斜的区域政策、市场分散。对外贸易和外商投资这一内生因素是有竞争性的解释之一。对中国内生的区域发展不平衡的研究主要分成两条路径：一是直接考察贸易开放度和 FDI 对区域不平衡的影响（Chen & Fleisher，1996；Gao，2004；Fu，2004；陆铭，陈昭，2004；Kanbur & Zhang，2005；Amiti，2005 等）；二是考察产业集聚与区域不平衡发展的关系。新经济地理学理论在全球化与国内发展不平衡之间的逻辑链条提供了一些启迪：对外贸易会影响到内部的经济地理，并导致产业空间上的集中，由于分散的要素市场，不平衡的产业地理分布会导致区域收入不平衡（Fujita，Krugman & Venables，1999；Venables，2000；Ottaviano，2002；Baldwin，2003）。大部分关注生产集聚模式的经验研究文献一般都是研究美国和欧盟（Krugman，1991；Ellison & Glaeser，1997；Kim，1995；Brulhart，1998；Amiti，1999；Midelfart-Knarvik et al，2000），只有极少部分的经验研究文献去考察中国的区域专业化和产业集聚模式，而且这一模式仍然是模棱两可，富有争议（Gao，2003；Wen，2004；Bai et al，2004；Ge，2006；等等）。

综观目前学术界对"母市场效应"的研究，无论是理论上还是实证上，其着眼点还是在对其存在性的考察上。理论分析一直围绕模型的假定进行展开，在不同的假定下，众多学者都各自寻求到了"母市场效应"存在所依赖的条件；而实证上，国外学者往往研究 OECD 国家、欧盟等发达国家制造业对外贸易或者区域贸易"母市场效应"的存在性，国内学者对于中国省间、区域间"母市场效应"的存在性都有考察，这些实证工作基本上都发现了"母市场效应"的存在性。这些研究对于我们深入了解"母市场效应"理论本身极有帮助。但是，这些研究并没有考察中国制造业对外贸易"母市场效应"的存在性，并没有很好地直观地回答扩大内需的经济政策对于中国制造业出口量和出口结构造成的影响，而这将是本书的主要工作之一。同时上述考察区域内生发展不平衡的文献，为我们了解区域不平衡的成因及应对提供了极好的启示，但其并没有采取更加直观便利的视角和工具。如果我们以"母市场效应"作为分析视角和工具去看待和处理中国区域不平衡发展的内生性问题，走出中国区域协调发展的困境，将是一个崭新的思路。实际上钱学峰、梁琦（2007）曾经对"母市场效应"理论可能会应用在区域经济发展问题上有过一些启发性的说明，而范剑勇、谢强强（2010）也曾从经济地理学的视角看待过中国区域不平衡发展问题，但那些说明和分析仅仅是启发性的，点到即止的，并没有深入下去。

第三节　研究思路与内容安排

本书分成了两大块内容。第一块内容是对"母市场效应"理论本身进行理论上的探讨和实证上的检验；第二块内容是对"母市场效应"理论在区域经济协调发展问题的应用上进行理论和实证探讨。具体思路是：首先将对"母市场效应"在理论上的存在性及其强度进行考察，探讨"母市场效应"存在的必要条件，同时对"母市场效应"的实证检验路径作一介绍；然后将集中探讨中国制造业对外贸易"母市场效应"的存在性。既考察制造业总体，又具体到制造业各子部门；然后本书将探讨"母市场效应"理论本身所蕴含的扩大内需政策含义及和扩大内需政策配套的一些政策。然后利用业已存在的"母市场效应"去分析区域不平衡的内生性问题，既做理论探讨又做实证检验。框架安排如下。

第一章　导论。

第二章　试探性寻找中国制造业出口新优势，引出"母市场效应"带来的国内市场规模优势将是中国对外贸易新的比较优势之源。

第三章 描述克鲁格曼（Krugman, 1980）关于"母市场效应"理论的最初模型，并探讨在假定放松后"母市场效应"的存在性，分析"母市场效应"的强度和产业特征的关系。

第四章 描述对"母市场效应"作经验研究的两条不同路径。

第五章 探讨中国制造业总体"母市场效应"的存在性，并将比较优势纳入分析框架，考察"母市场效应"和传统比较优势效应对中国制造业对外贸易模式的决定作用。

第六章 在假定国家间在同种产品上具有相同支出份额的情况下，使用引力模型探讨中国制造业在产品层次上"母市场效应"的存在性。考察的对象是中国制造业中出口额较大，出口国较多的 HS 码一共 28 章产品。

第七章 在假定国家间在同种产品上具有不同支出份额的情况下，探讨中国制造业按 ISIC 分类的各子部门"母市场效应"的存在性。考察的对象是按 ISIC 分类一共 12 个子部门，这一章涉及 ISIC、国民经济行业分类标准、HS 这三种行业分类在数据上的对照工作。

第八章 分析中国的内需状况和结构，对现行的扩大内需政策进行一些思考。

第九章 分析"母市场效应"与区域不平衡的内生性理论上的传导机制。

第十章 在控制区域比较优势的基础上，从实证上评估"母市场效应"积聚力量对于区域不平衡带来的影响。

第十一章 对全文作总结，并提出政策建议及作者在未来需要进一步研究的一些问题。

第四节 本书的特色和创新之处

总体而言，本书最大的特色在于对"母市场效应"理论的探讨非常全面，既探讨了这一理论本身，也涉及了其在区域经济发展上的应用。

我们的创新之处有如下几点。

首先，对中国制造业做对外贸易"母市场效应"经验研究前人还未有过，而本书首次做了这一工作。本书的经验研究比较全面，既考察了制造业总体"母市场效应"的存在性，又考察了制造业各子部门"母市场效应"的存在性，子部门涉及了所有制造业部门，本书的经验研究证明了中国制造业总体确实存在显著的"母市场效应"，而且一些子部门有，而另外一些子部门没有，这对于提出针对性的产业政策有一定启示。

其次，本书利用"母市场效应"理论去探讨区域不平衡的内生性问题，分析"母市场效应"、厂商区位选择、产业集聚、区域不平衡理论上的传导机制，并从实证上进行了检验。本书的研究为分析区域不平衡问题提供了"母市场效应"这样一个极好的分析视角和工具，而这一工具非常的直观便利。

第二章 寻找中国制造业出口新优势

改革开放以来，中国经济持续高速增长，很大程度上来源于出口的拉动。但是随着全球经济格局的变化，以及中国经济发展中暴露出的结构性问题，特别是最近爆发的全球金融危机，中国经济的增长方式开始转向内需拉动型增长，降低对出口的依赖。2008 年国务院提出了扩大内需促进经济增长的十项措施，2011 年又将扩大内需这一经济政策纳入"十二五"规划纲要，这意味着中国正部署经济社会由外需向内需的转型。同时中国的出口结构不合理，出口本身也面临着成本上升导致的不可持续性，所以必须寻找中国制造业出口的新优势，同时优化出口结构，从而保持中国在对外贸易中的地位。

第一节　内需拉动型增长 VS 出口拉动型增长

从亚洲一些主要国家的发展经验来看，这些国家经济的增长很大程度上来源于出口的拉动，但出口拉动经济增长会形成一系列的负面效应。帕利（Palley，2002）认为发展中国家依赖出口拉动经济增长会有如下弊端：第一，会限制其国内市场的发展，同时加剧发展中国之间的贸易竞争。第二，出口拉动型增长通过创造过度投资导致金融市场不稳定。第三，长期来看，会导致发展中国家贸易条件的恶化；最重要的是，由于出口拉动型经济增长对外需的过度依赖，当出现金融危机时，发达国家经济的衰退和滑坡会直接影响发展中国家经济的增长。帕利（Palley，2002）认为，出口拉动经济增长并非发展中国家的最优策略，发展中国家应将经济增长方式转向内需拉动。20 世纪末的亚洲金融危机及此次全球金融危机的爆发，不少出口拉动型增长的发展中国家都逐渐将经济增长方式由外需转向内需拉动，扩大内需也是中国今后相当长一段时间主要的经济政策之一。

根据费莉佩和林（Felipe & Lim，2005），GDP = Y = C_p + C_g + I + X − M，其中，GDP 为国内生产总值，C_p 为私人部门消费，C_g 为政府部门消费，I 为投资，X 和 M 分别代表商品和服务的出口和进口，如果一国出口和 GDP 同时增长，或者净出口增长即出口增长幅度大于进口增长幅度，都意味着一国采取的是出口拉动型增长策略；如果内需和 GDP 同时增长，则意味着一国采取的是内需拉动型增长策略。我们可以将 GDP 分为内需和外需两个部分，C_p +

$C_g + I$ 表示内需，$X - M$ 表示外需，则会出现如下四种情况。

（1）内需增长，净出口增长为负。如果此时 GDP 是增长的，这意味着一国采取的是严格意义上的内需拉动型增长政策。

（2）内需和净出口同时增长。这意味着一国经济是由内需和出口同时拉动的。

（3）内需增长为负，净出口增长。如果 GDP 是增长的（一般不会，因为内需在 GDP 中的构成要比外需大得多），则一国经济是完全出口拉动的，如果 GDP 增长为负，则说明一国经济由于内需下降而导致萧条。

（4）内需和净出口同时负增长。这意味着一国经济正在滑坡和衰退。

我们可以根据以上的定义，来判断中国经济的增长属于以上哪种情况。表 2.1 描绘了 1980 ~ 2009 年按支出法核算的 GDP、GDP 增长率、内需和净出口增长率。

表 2.1　　　　　　1980 ~ 2009 年按支出法核算的 GDP 及其构成

年份	GDP （亿元）	GDP 增长率 （%）	内需 （亿元）	净出口 （亿元）	内需增长率 （%）	净出口增长率 （%）
1980	4592.9	—	4607.6	−14.7	—	—
1981	5008.8	9.1	4991.7	17.1	8.3	−216.3
1982	5590.0	11.6	5499	91.0	10.2	432.2
1983	6216.2	11.2	6165.4	50.8	12.1	−44.2
1984	7362.7	18.4	7361.4	1.3	19.4	−97.4
1985	9076.7	23.3	9443.8	−367.1	28.3	−283.4
1986	10508.5	15.8	10763.7	−255.2	14.0	−30.5
1987	12277.4	16.8	12266.6	10.8	14.0	−104.2
1988	15388.6	25.3	15539.7	−151.1	26.7	−1499.1
1989	17311.3	12.5	17496.9	−185.6	12.6	22.8
1990	19347.8	11.8	18837.5	510.3	7.7	−374.9
1991	22577.4	16.7	21959.9	617.5	16.6	21.0
1992	27565.2	22.1	27289.6	275.6	24.3	55.4
1993	36938.1	34.0	37617.6	−679.5	37.8	−346.6
1994	50217.4	36.0	49583.3	634.1	31.8	−193.3

续表

年份	GDP（亿元）	GDP 增长率（%）	内需（亿元）	净出口（亿元）	内需增长率（%）	净出口增长率（%）
1995	63216.9	25.9	62218.3	998.6	25.5	57.5
1996	74163.6	17.3	72704.4	1459.2	16.9	46.1
1997	81658.5	10.1	78108.6	3549.9	7.4	143.3
1998	86531.6	6.0	82902.4	3629.2	6.1	2.2
1999	91125.0	5.3	88588.4	2536.6	6.9	−30.1
2000	98749.0	8.4	96358.8	2390.2	8.8	−5.8
2001	108972.4	10.4	106703.3	2324.7	10.7	−2.7
2002	120350.3	10.4	117381.5	3094.1	10.0	33.1
2003	136398.8	13.3	133648.5	2986.3	13.9	−3.5
2004	160280.4	17.5	156721	4079.1	17.3	36.6
2005	188692.1	17.7	176908.1	10223.1	12.9	150.6
2006	221170.5	17.2	205586	16654.0	16.2	62.9
2007	263242.5	19.0	242453.3	23380.6	17.9	40.4
2008	314901.3	19.6	290671.9	24229.4	19.9	3.6
2009	345023.6	9.6	329990.3	15033.3	13.5	−38.0

资料来源：根据《中国统计年鉴2010》整理，本表按当年价格计算。

由表 2.1 可以看到，改革开放 30 年来，中国经济一直保持着高速的增长，GDP 和内需都保持着逐年增长的态势。而净出口在 1980～1990 这 10 年主要是负增长，而从 1990 年至今，除少数年份外，净出口也呈现不断增长。特别是从 2002 年以来，净出口一直保持着高速增长，已经大大超过了内需的增长幅度。2008 年金融危机爆发后，中国经济发展速度减慢，国务院提出扩大内需促进经济增长的措施，作用很明显，内需增长速度加快，而净出口增长速度减缓，到 2009 年，中国净出口呈负增长，这说明中国出口由于世界经济形势的变动而大受影响。总体而言，近 20 年，中国经济呈现出内需和出口共同增长的局面。

同时我们可以进一步分析内需和净出口对经济增长的影响作用。表 2.2 描述了 1980～2009 年内需和净出口对经济增长的贡献和拉动。

表 2.2　　　　　　1980～2009 年内需和净出口对经济增长的贡献和拉动

年份	国内需求		净出口	
	贡献率（%）	拉动（百分点）	贡献率（%）	拉动（百分点）
1980	98.2	7.7	1.8	0.1
1985	166.4	22.4	−66.4	−8.9
1990	49.6	1.9	50.4	1.9
1995	99.7	10.9	0.3	
2000	87.5	7.4	12.5	1
2001	100.1	8.3	−0.1	
2002	92.4	8.4	7.6	0.7
2003	99	9.9	1	0.1
2004	94	9.5	6	0.6
2005	76.9	8.7	23.1	2.6
2006	83.9	10.7	16.1	2
2007	81.9	11.7	18.1	2.5
2008	91	8.8	9	0.8
2009	140.6	12.8	−40.6	−3.7

资料来源：《中国统计年鉴 2010》，本表按不变价计算。

　　由表 2.2 我们可以看得更清楚，中国经济的飞速增长靠的是内需和出口共同的拉动，没有任何迹象表明内需对出口产生了替代。虽然长期以来，中国的内需结构失衡，消费比例过低，而投资比例过大，投资已成为中国经济增长的第一推动力，今后相当长一段时间里中国扩大内需，刺激消费的政策将会逐渐改变这一内需结构失衡的局面；但总体而言，内需的扩大对中国的出口从总量上来讲将不会产生替代。

　　我们可以从贸易理论中内需和出口的关系出发来对上述情况进行解释。根据新古典比较优势理论，在规模报酬不变，产品同质化的假定下，我们必能导出一种产品内需的扩大会导致其出口降低的结论。但是新贸易理论规模报酬递增、差异化产品、存在运输成本的模型能导出产品国内需求和其出口的正相关关系，即内需的扩大会导致差异化产品出口的增长。这意味着我们从不同的贸易理论出发，能导出内需对出口既存在替代作用，也存在促进作用。扩大内需对净出口总量的影响取决于这两种作用的强度，总量的改变方向很难判断，但是，扩大内需肯定会导致出口结构的变化，这取决于行业特征。中国作为贸易大国出口的主要产品是制造业产品，已成为全球最主要的制造业生产基地，而中国制造业包含着多个行业，这些行业有的是劳动密集型的，有的是资本密集型的，有的是技术密集型的，有的是资源密集型的，内需的扩大由于行业特征的不同肯定会对不同行业的出口形成不同的影响，这势必会改变中国制造业出口结构。从直觉上看，扩大内需，刺激消费的政策会使消费工业的国内需求增加，而消费工业主要是食品饮料和烟草制造业，纺织服装和鞋帽制造业，橡胶和塑料制造业等，这样一些行业基本上属于劳动密集型，在 H-O 理论框架下，这样一些产品的内需的扩大会导致其出口的降低，而电子、化学、交通运输设备、机械设备等行业由于其具有技术和资本密集的特征，而且呈现一定程度的规模经济，在新贸易理论的框架下，这些产品内需的扩大会导致其出口的增加，而中国当前出口结构不合理，劳动密集型低附加值产品占据很大比重，高精尖产品出口比例相对较低，以上直觉分析似乎说明，内需的扩大会改善中国的出口结构。本书接下来的几章将会引入"母市场效应"理论，并从理论上和实证上集中探讨这一问题。

虽然出口拉动增长的政策会导致一系列的负面效应，为降低对出口的依赖，我们必须扩大国内需求从而拉动经济增长，但通过上述分析，中国经济的增长是内需和外需共同拉动的结果，我们的增长之路应该是内外并举的，出口拉动增长的政策并未过时。

第二节　中国制造业出口面临的问题

中国作为一个贸易大国，在国际贸易中正扮演着越来越重要的角色。根据世界贸易组织的报告，中国 2000～2008 年年平均出口增长 20.5%。其中，2007 年增长 19.5%，2008 年增长 8.5%。进口年平均增长 16%。其中，2007 年 14%，2008 年 4%。中国出口占世界出口的比重不断增大。其中，1948 年为 0.9%，1953 年为 1.2%，1963 年为 1.3%，1973 年为 1.0%，1983 年为 1.2%，1993 年为 2.5%，2003 年为 5.9%，2008 年为 9.1%；中国进口占世界总进口的比重也不断增大。其中，1948 年为 0.6%，1953 年为 1.6%，

1963 年为 0.9%，1973 年为 0.9%，1983 年为 1.1%，1993 年为 2.7%，2003 年为 5.4%，2008 年为 7%。2008 年中国总商品出口为 14283 亿美元，居世界第二，总商品进口为 11325 亿美元，居世界第三。在对外贸易中，中国出口的主要产品是制造业产品，表 2.3 描述了中国制造业出口状况。

表 2.3 中国制造业出口状况

年份	出口额（10 亿美元）	占中国总商品出口比重（%）	占世界商品总出口比重（%）
2002	292.6	89.90	6.20
2003	397	90.70	7.30
2004	542.4	91.40	8.30
2005	700.3	91.90	9.60
2006	895.4	92.40	10.80
2007	1134.8	93.20	11.90
2008	1329.6	93.10	12.70

资料来源：世界贸易组织数据库。

从表 2.3 可以看到，中国制造业出口在以较快速度增长，占据中国商品出口的绝大部分比重，同时在世界商品出口中也占据着重要地位，这说明中国出口的数量扩张程度相当高，制造业出口已成为出口拉动中国经济增长的主要动力。

根据黄先海（2006）对中国 36 个产业的分法：资源密集型产业包括煤炭采选业，石油和天然气开采业，黑色金属矿采选业，有色金属矿采选业，非金属矿采选业，木材及竹材业，电力煤气及水生产供应，煤气的生产及供应；劳动密集型产业包括食品制造及加工业，饮料制造业，烟草加工业，纺织业，服装及其他纤维制品制造业，皮革、毛皮、羽绒及其制造业，木材加工及竹、藤、棕、草制品；资本密集型产业包括家具制造业，造纸及纸制品业，印刷业纪录媒介的复制，石油加工及炼焦业，化学纤维制造业，橡胶制品业，塑料制品业，非金属矿物制品业，文教体育用品制造业，黑色金属冶炼及压延加工业，有色金属冶炼及压延加业，金属制品业；技术资本密集型产业包括医药制造业，普通机械制造业，专用设备制造业，交通运输设备制造业，化学原料及化学制品制造业，电气机械及器材制造业，电子及通信设备制造业，其他制造业，仪器仪表及文化、办公用机械制造业。根据这一分类，我们可以了解中国制造业出口结构，表2.4描述了2002~2008年制造业各类行业出口占制造业总出口的比重。

表2.4　　　　　　　　各类行业出口占制造业总出口比重　　　　单位:%

行业类型	2002年	2003年	2004年	2005年	2006年	2007年	2008年
劳动密集型	31.4	28.6	25.3	23.7	23.0	21.4	20.0
资本密集型	16.2	15.4	16.9	17.1	17.9	18.1	19.3
技术密集型	51.5	60.2	64.7	65.7	65.2	65.9	66.6

资料来源：OECD结构分析数据库，作者根据中国国家统计局《国民经济行业分类》与《国际标准产业分类》对照表整理。

从表2.4我们可以看到，劳动密集型产品的出口在制造业总出口的比重正逐年不断降低，同时，资本密集型产品和技术密集型产品的出口在制造业总出口的比重正逐年不断提高，这似乎说明，中国加入WTO以来，制造业越来越注重资本的积累和技术的进步，出口正不断降低对劳动力低成本的依赖。中国的出口结构正不断优化。但仅有这样的分析是不够的，如果我们再结合进口来考察，探讨中国巨额贸易顺差的主要来源，对中国制造业出口结构会有更好的认识。表2.5描述了中国贸易顺差的主要来源。

表2.5　　　　　各类行业贸易顺差占中国总商品贸易顺差比重　　　　单位:%

行业类型	2002年	2003年	2004年	2005年	2006年	2007年	2008年
劳动密集型	195.5	287.8	225.0	112.7	83.8	66.8	61.2
资本密集型	-93.7	-175.9	-166.5	-56.1	-30.7	-21.6	-27.6
技术密集型	-36.2	-24.9	31.8	41.8	49.3	52.0	58.8

资料来源：OECD结构分析数据库，作者根据中国国家统计局《国民经济行业分类》与《国际标准产业分类》对照表整理。

从表2.5我们可以看到，2002年和2003年，中国巨额的贸易顺差是由劳动密集型部门产品出口带来的[①]，这部门的顺差弥补资本密集型部门和技术密集型部门的贸易逆差还有盈余，但劳动密集型产品顺差占中国商品总顺差

---

① 2002年以前的年份，劳动密集型产品顺差占中国商品总顺差比例更大，这一部门的顺差抵消了资本密集型部门和技术密集型部门的贸易逆差。

的比重正逐年不断下降。从 2004 年开始，中国技术密集型产品出口开始出现顺差，以后逐年上升，而资本密集型产品部门一直呈现贸易逆差，但逆差正不断降低。这说明中国的贸易顺差依靠的主要还是劳动密集型部门，近年来技术密集型部门对贸易盈余的贡献正越来越大，有超过劳动密集部门之势。这一方面说明中国出口品的结构有所改善，但出口对劳动密集型产品的过于依赖是不言而喻的。劳动密集型产品的出口总量由表 2.4 看到并不高，但其对贸易顺差的贡献是压倒性的，这充分暴露了中国制造业出口结构的不合理，出口拉动经济增长高度依赖于劳动力低成本。

第三节 寻找中国制造业出口新优势

传统的国际贸易理论一般将贸易动因归为比较优势。李嘉图指出，比较优势建立在机会成本的比较上，如果一国生产某种产品所耗费的机会成本较低，这个国家就在这种产品的生产上具有比较优势。H－O 理论进一步发展了李嘉图的理论，用要素禀赋差异解释了比较优势的来源。他们认为贸易动因是资源禀赋的差异，各国倾向于出口密集地使用本国相对丰裕的要素生产的产品。这样，根据 H－O 理论，在给定的技术和偏好下，两国的商品贸易模式由相对要素禀赋来决定，资本富余的国家将出口资本密集型产品，进口劳动密集型产品。人们将 H－O 理论应用到中国来研究国际贸易、国内贸易问题，并延伸到中国的产业、科技发展等问题。其中有一种观点，认为中国真正具有比较优势的是劳动力资源，中国有取之不尽、用之不竭的廉价劳动力，由此延伸出中国在全球经济分工中最有优势的是发展劳动密集型产业。结合上述分析看中国对外贸易的发展，在制定对外贸易发展战略和发展出口产业的政策中，中国基本遵循了比较优势原理。改革开放后，中国积极参与国际分工，促进了对外贸易的飞速发展。但是也随之带来困扰我们的一系列问题，比较优势决定的贸易结构是否能够长期化？这种低附加值的出口战略是否会使我国陷入低水平循环的陷阱？

尽管从理论上来说，中国的劳动力可以无限供给，但近年来出现的"民工荒"现象已经开始凸显出中国劳动力供给的结构性不足。与此同时，劳动力工资成本不断上升已经成为必然的趋势，这在某种程度上将使得中国与东南亚其他国家相比的劳动力优势不复存在。而且，空间经济学的新近研究表明，在国际产业转移的背景下，劳动力比较优势可能成为一种向心力，使参与国际分工的国家仍能保住自身的劳动密集型产业，但这也同时意味着大量的产业部门将被锁定在价值链的低端，从而成为产业升级的障碍。因此，以单纯的劳动力比较优势参与国际分工与贸易，将不利于中国对外贸易的可持续发展。我们应该考虑，是否可以摆脱传统的比较优势理论，从国际贸易产生的其他动因出发，探索中国对外贸易可持续发展战略的指导思想。

新贸易理论的发展，为我们提供了一个方向。世界上50%多的贸易发生在发达国家之间，制造业的贸易占其中绝大多数比重，而其中有相当一部分贸易是产业内贸易。人们一直都在怀疑传统的比较优势理论对国际贸易的解释力，这在制造业中尤其如此。传统贸易理论对制造业提出的那些假定已经难以解释无论是在宏观层面上的总贸易流量还是微观层面上的市场结构和技术。而且，大部分的制造业贸易都在相似要素禀赋的国家之间进行，而且这些商品的生产都具有相同的要素比例、技术和偏好，这根本不存在比较优势。而且大多数制造业都存在某种程度的规模经济和不完全竞争，而传统贸易理论的外生技术，不变规模报酬和完全竞争难以对产业政策提供合理的指导。理论界呼唤对传统贸易理论的替代的新理论，这一新的模型以内生技术研发和扩散，规模经济和产业内贸易为特征，共同的直觉是大的国内需求能促进出口。

大部分近期国际贸易理论都以不完全竞争和规模报酬递增为基础。包括产业内贸易模型（Krugman，1979，1980；Helpman，1981）、跨国公司（Helpman，1984；Markusen，1984）和经济地理学（Krugman，1991；Venables，1996）。为什么要素禀赋相同或相似的国家能从贸易中获利？为什么外商直接投资主要在富裕的国家之间？为什么生产倾向于集中在大国？这些理论对上述问题进行了解释。一些文献对产业内专业化和贸易进行了实证研究。产业内贸易主要是由产品差异化和规模经济引起的，制造业产业间贸易主要是由消费者多样性偏好所驱动的（Krugman，1979），或者是由互惠倾销引起的（Brander，1981）。贸易的本质依赖于国家在要素禀赋的相似性，随着国家在要素禀赋上越来越相似，国家间的贸易将以产业内贸易为主。产业间贸易以比较优势为基础，而产业内贸易以规模经济为基础。规模经济成为贸易的主要动因。规模经济是内生的而非外生。贸易的收入分配效应主要依赖于贸易的动因，如果规模经济不重要，国家之间主要是在要素禀赋上存在本质区别，我们就会得到传统的斯托尔珀－萨缪尔森（Stolpor-Samuelson）结论，即稀缺要素在贸易中遭受损失。如果规模经济非常重要，而要素禀赋一样，那么所有的要素都能在贸易中获利。产业内贸易理论解释了为什么要素禀赋相似的国家会发生贸易，而且主要是相似产品的贸易，而且也为贸易的福利效应和收入分配效应提供了洞见。

近来开始用"母市场效应"来检验新贸易理论。"母市场效应"是指在规模报酬递增，存在贸易成本的情况下，需求大国将成为差异化产品的净出口国（Krugman，1980；Helpman & Krugman，1985）。背后的逻辑是，固定成本使差异化产品的生产厂商将生产集中于一国，而贸易成本的存在则使在大国生产成为最优选择，小国生产同质化产品。"母市场效应"意味着大的国内需求对出口的促进作用，而这在比较优势模型中是不存在的。

"母市场效应"理论意味着规模经济也是贸易的重要动因。这样贸易理论中则存在两类比较优势，前者是以 H－O 理论为基础的要素禀赋比较优势，后者则是以"母市场效应"理论为基础的市场规模比较优势。就总的贸易量而言，要素禀赋的相对差异（决定产业间贸易量）和国家相对规模（决定产业内贸易量）共同决定了贸易量。中国有巨大的国内市场，占有世界四分之一的人口的消费需求是任何一家企业都不可忽视的。如果中国的一些产业存在"母市场效应"，就是说如果这些产业的国内市场的需求也对出口起着重要的促进作用，那么，我们在探索中国对外贸易的可持续发展时将不再局限于单纯依赖劳动力禀赋的比较优势，我们将转向扩大国内市场需求，寻求市场规模这一比较优势。

从本章第一节我们可以看到，近年来中国的扩大内需经济政策并没有产生对出口的替代，中国经济由内需和出口共同拉动，这说明中国制造业出口并非完全由劳动力比较优势决定，中国制造业中的某些部门必然存在着内需对出口的促进，我们似乎可以提出这样的假说，中国制造业对外贸易即存在着比较优势动因，又存在着"母市场效应"所代表的规模经济动因。"母市场效应"对制造业的影响，已经受到了越来越多学者的关注。中国是一个贸易大国，其中很多参与国际贸易的产品都具有规模报酬递增的特点。所以，如何发挥这个庞大的国内市场的积极作用，对于中国的制造业有着特殊的意义。鉴于此，要进行关于中国制造业"母市场效应"的研究显得尤为必要。究竟制造业哪些部门的内需对出口产生了替代，哪些部门存在着内需促进出口的"母市场效应"，内需的扩大对中国的产业结构产生何种影响？本书将结合"母市场效应"理论在下面的章节对此问题进行理论上和实证上的探讨。

第四节　本章小结

中国经济已经过了改革开放以来连续30几年的高增长，其中高速增长的出口不仅为经济增长，而且为持续地提供大量就业岗位做出了巨大贡献。但是几年来一方面成功出口遇到了较多贸易摩擦；另一方面作为有目共睹的以低价劳动力为主的出口比较优势也呈现出日减趋势，整个中国的出口形势开始不容乐观。宏观经济层面上的内外结构失衡的矛盾显现出来。2008年爆发的世界金融经济危机只是加剧了这种矛盾的表面化和直接性。这就是说，当前以至今后相当长一段时间内中国制造业产品出口因国际市场因素和国内生产成本等因素已开始呈现相对萎缩的趋势。尽管我们应调整过度依赖出口的外向经济政策和经济格局，但在短期内由外需向内需的转变毕竟带有某种被动成分。中国的人口和就业压力并不允许出口在相当程度上被内需来替代，国内不合理的收入分配结构等因素也难以支持内需真正弥补由出口减弱而让出的对增长和就业贡献的空间。内需与外需并举应该是支持中国经济发展的总需求格局。没错，扩大内需是我们当前和今后重要的经济调整目标，能不能在刺激和扩大内需的同时不但不是对出口的替代，反而是带来支持出口的不同于现有比较优势的另一种新优势呢？对"母市场效应"的研究和在此基础上考察中国制造业产品出口的"母市场效应"可以帮助我们回答这个问题。

第三章　"母市场效应"理论及其拓展

传统的新古典比较优势理论认为，在其他条件一样时，一国如果对某种产品具有极大国内需求，那么该国将会成为该种产品的净进口国。[①] 然而新经济地理学理论却认为恰恰相反，极大的国内市场需求将会使一国成为该种产品的净出口国（Krugman，1980，1991；Helpman & Krugman，1985）。大的国内市场需求对促进出口的关键作用的最初描述来自 Linder（1961），他说："母国对某种产品的消费是使该种产品成为潜在出口产品的必要而非充分条件。"而克鲁格曼（Krugman，1980）将此假说以正式的模型来表述。模型的直接结果是大国有更高的工资率和"母市场效应"。"母市场效应"是指在规模报酬递增和垄断竞争，存在贸易成本的情况下，需求大国将成为差异化产品的净出口国（Krugman，1980；Helpman & Krugman，1985）。背后的逻辑是，固定成本使差异化产品的生产厂商将生产集中于一国，而贸易成本的存在则使在大国生产成为最优选择，小国生产同质化产品。自从克鲁格曼发表关于"母市场效应"和新经济地理学的系列文章之后，不少学者在理论上对"母市场效应"存在的条件，强弱依赖的参数进行了分析，主要是对最初那些假定的放松和修改。本章将介绍克鲁格曼关于"母市场效应"理论的最初模型，并集中探讨该理论赖以存在的一些相关假定的放松和修改，最后阐述一些重要参数如何影响了"母市场效应"的强度。

第一节　克鲁格曼的框架

克鲁格曼（Krugman，1980）、赫尔普曼和克鲁格曼（Helpman & Krugman，1985）描述了一个两国，两部门单一生产要素的模型。一个部门在规模报酬递增、垄断竞争（IRS - MC）框架下生产差异化产品，存在冰山形式的运输成本（$\tau > 1$）；另一个部门在规模报酬不变、完全竞争（CRS - PC）框架下生产同质化产品，不存在运输成本。并假定一个企业生产一种产品，企业规模很小，不会对竞争对手的行为产生任何影响。在假定 C - D 形式和CES 形式的复合效用函数和代表规模经济的线性生产函数后求解开放经济情

---

① 传统的新古典两部门模型，具有严格的向右下方倾斜的进口需求曲线。

形下的均衡得到

$$n/n^* = \frac{L/L^* - \phi}{1 - \phi L/L^*} \quad (3.1)$$

其中，n/n^* 表示本国相对于外国生产的产品数量，L/L^* 表示本国相对于外国的需求比例，$\phi < 1$ 是贸易自由度，表示本国居民对国外商品需求量和国内商品需求量之比。同时均衡时，本国 IRS-MC 部门产品的净出口为

$$B = \frac{\phi w L^*}{\phi n + n^*}(n - n^*) \quad (3.2)$$

令 $n/n^* = \mu$，$L/L^* = \lambda$，（3.1）式转化为

$$\mu = \frac{\lambda - \phi}{1 - \lambda \phi} \quad (3.3)$$

从（3.3）式可以看到，如果本国和外国有着相等的需求规模 $\lambda = 1$，则本国和外国生产的产品数量相等 $\mu = 1$，此时贸易平衡；但如果本国对 IRS – MC 部门产品需求上升使得 $\lambda > 1$，则本国相对于外国将生产更大比例的 IRS – MC 部门产品（$\mu > 1$），根据（3.2）式有 $B > 0$。这意味着一国在某产业上相对于另一国有更大的国内需求，那么该国在该产业上会有更大的产量，同时，导致该产业产品在双边贸易中成为净出口品，这就是"母市场效应"。根据戴维斯和维恩斯坦（Davis & Weinstein，1999），通过对（3.3）式的求导可以更为直观地看到相对产量和相对需求之间的关系：

$$\frac{\partial \mu}{\partial \lambda} = \frac{1 - \phi^2}{(1 - \phi \lambda)^2} > 1 \quad (3.4)$$

由（3.4）式可以看到需求对产量的放大效应，即相对需求的增长会导致相对产量以更大比例的增长。据此，众多学者做经验研究时常常考察相对需求和相对产量之间的线性关系，以验证"母市场效应"的存在性。如果相对需求的增长导致相对产量以更大比例的增长，则意味着"母市场效应"的存在。

第二节 假定的放松

从克鲁格曼的框架中，我们看到了"母市场效应"赖以存在的一些重要假定，如两国、两产业、单要素、规模报酬递增、产业的垄断竞争、产品差异化、报酬递增部门存在运输成本，报酬不变部门不存在运输成本、C－D和 CES 复合效用函数等。这样一些假定是否是"母市场效应"存在的必要条件？众多学者对这样一些假定进行了放松和修改以探讨"母市场效应"在理论上的存在性。

一、同质化产品部门存在运输成本

克鲁格曼认为，母市场的大小对一国的产业结构非常重要。而戴维斯（Davis，1998）认为只有差异化产品才具有贸易成本的假定非常重要，如果差异化产品和同质化产品都具有相同的贸易成本，那么母市场效应会消失，母市场的大小对一国产业结构并不重要。小国一直都担忧受到大国经济上的控制，这种担忧主要来自于随着小国和大国经济一体化程度的加深，小国重要的产业部门会变得越来越小，这种担忧的根源在于市场的大小。戴维斯认为，尽管这样的贸易确实会改变产业结构，但改变的方向并不依赖于一国市场的相对大小。戴维斯认为，在克鲁格曼（1980，1985）的分析框架中只假定差异化产品存在运输费用，是为了处理上的便利，因为这样一来会导致名义要素价格相等，极大地简化了分析。但这种假定是有问题的，假定同质化产品也具有运输费用将极大地改变分析结果。①

戴维斯（1998）考察了规模报酬不变（同质化产品）和报酬递增（差异化产品）产业的产品是否存在不同的贸易成本。首先列出一些相关的成本，传统的成本如保险，运费和关税；非传统的成本如非关税壁垒，信息成本等。戴维斯首先考察了这两类产品的传统成本。在劳赫（Rauch，1996）只考虑

---

① 克罗泽和特里翁费蒂（Crozet & Trionfetti，2008）认为假定 CRS－PC 部门不存在运输成本至少有两个好处。一是使要素价格相等，使模型在数学处理上更加便利；二是这一部门的存在能够抵消掉 IRS－MC 部门的贸易不平衡。

保险和运费的基础上再加入关税考虑，得出结论，差异化产品相对于同质化产品来说存在更低的传统成本。而非传统成本究竟哪种产品较高，戴维斯认为此问题尚在争论之中，悬而未决。最后戴维斯考察了差异化产品的总贸易成本是否相对较高的问题。传统贸易成本的研究发现差异化产品相对于同质化产品来说贸易成本更低，而非传统贸易成本的研究尚无定论。通过对总贸易成本的研究，并无任何迹象表明总贸易成本在差异化产品中会更高。

在考察贸易成本的基础上，戴维斯对克鲁格曼的模型进行了修正。按照克鲁格曼（1980），赫尔普曼和克鲁格曼（1985）的模型，假定两个国家、两个产业，报酬递增的制造业和报酬不变的农业，单一要素，假定柯布道格拉斯效用函数，线性生产函数。唯一不同的是除了制造业产品贸易存在运输成本（$\tau > 1$）外，同样假定农产品部门存在冰山形式运输成本（$\gamma > 1$），而克鲁格曼的模型中由于假定农产品不存在运输成本（$\gamma = 1$），必然得出厂商偏向于在大国生产的结论，因为这会节约贸易成本。假定两种产品的运输成本相等（$\gamma = \tau > 1$），此时同质化产品部门不存在贸易，差异化产品部门贸易平衡，这样戴维斯得到一个成比例的均衡，即两国制造业的相对产量与市场大小成比例：$n/n^* = L/L^*$[①]，"母市场效应"消失。当然，在极端情形，如果两种产品的运输成本都极高，比如 $\gamma = \tau = \infty$，此时两国自给自足，没有贸易，两国的制造业产品的产量与其市场大小成比例，大国仅仅是放大了数倍的小国而已；或者两种产品都不存在运输成本，比如 $\gamma = \tau = 1$，此时两国完全自由贸易，两个国家成为一个更大的国家，这样哪种产品会集中于哪国生产这样的问题变得无足轻重（Amiti，1998）。

而余（Yu，2005）对两种产品运输成本不等的情形探讨更加深入。认为 γ 如果非常小，比如略大于1，此时同质化产品部门会有贸易，大国出口差异化产品，进口同质化产品；或者 τ 太大，此时"母市场效应"也会出现。但是在 $\tau > \gamma \geq \tau^{\theta}$（$\theta$ 为小于1的参数）时，同质化产品的贸易会消失，差异化产品部门取得贸易平衡。此时不存在"母市场效应"。克罗泽和特里翁费蒂（Crozet & Trionfetti，2008）认为，同质化产品部门的运输成本高到一定程度时，其贸易就会消失，这样导致成比例均衡的出现，这和戴维斯（1998）、

---

① 克鲁格曼的结论是 $n/n^* > L/L^*$。

余（2005）的结论是一致的，但克罗泽和特里翁费蒂（2008）更加注重分析同质化产品部门运输成本不是特别高时，比如 $1 < \gamma < \tau^{\theta}$ 情形时，差异化产品部门是否会呈现"母市场效应"。在 $1 < \gamma < \tau^{\theta}$ 时，同质化产品部门同样存在贸易，这样能抵消掉差异化产品部门的贸易不平衡，差异化产品部门"母市场效应"也会出现，只是此时一国的产量份额和需求份额不再是线性关系。并认为，同质化产品部门存在运输成本时，差异化产品部门存在"母市场效应"的充分条件是 $1 < \gamma < \tau^{\theta}$。

这样我们似乎可以得出这样的结论，只要假定同质化产品部门存在运输成本，只要该运输成本不是太低，都会导致同质化产品贸易的消失，而导致成比例均衡的出现，从而"母市场效应"消失。表3.1 清晰地描绘了赫尔普曼和克鲁格曼等（Hepman & Krugman，1985；Davis，1998；Yu，2005；Crozet & Trionfetti，2008）对于运输成本的假定及"母市场效应"的存在性。

表3.1　　　　　同质化产品存在运输成本时的均衡结果

$L > L^{*}$	Hepman & Krugman (1985)	Davis（1998）	Yu（2005）	Crozet & Trionfetti (2008)
效用函数	C－D 型	C－D 型	CES 型	C－D 型
运输成本	$\tau > 1$，$\gamma = 1$	$\tau > 1$，$\gamma = \tau$	$\tau > 1$，$\gamma \geqslant \tau^{\theta}$	$1 < \gamma < \tau^{\theta}$
贸易模式	大国出口差异化产品，进口同质化产品	差异化产品贸易平衡，同质化产品没有贸易	差异化产品贸易平衡，同质化产品没有贸易	大国出口差异化产品，进口同质化产品
产业结构	$n/n^{*} > L/L^{*}$	$n/n^{*} = L/L^{*}$	不确定，取决于同质化产品和差异化产品间的替代弹性	$n/n^{*} > L/L^{*}$
"母市场效应"	有	无	不确定，取决于同质化产品和差异化产品间的替代弹性	有

二、将差异化产品的支出份额内生化

"母市场效应"的文献在效用函数的假定上基本采用 C－D 型和 CES 型

的复合形式，这意味着差异化产品的支出份额是外生的①，独立于的其价格保持不变。然而差异化产品的数目和其价格在"母市场效应"理论和新经济地理学研究中起着重要作用（Fujita et al，1999）。如果将这一支出份额内生化，使之随着其价格指数而变化，那么"母市场效应"还会存在吗？或者其继续存在需要依赖什么样的条件？余（2005）探讨了这一问题。用更加一般的 CES 函数来取代 C – D 函数，使差异化产品的支出份额成为内生变量，并使这一份额在具有相同位似偏好的国家存在差异。这样，除了相对市场规模外，不同的差异化产品支出份额也会影响到制造业的分布，母市场效应会产生，消失，甚至逆转，这取决于同质化产品和差异化产品的替代弹性。

基本框架沿用赫尔普曼和克鲁格曼（1985）。有两个国家，母国和外国（用 * 表示），劳动力是唯一的投入要素，假定 $L > L^*$，劳动力的工资分别为 w 和 w^*，有两个产业，X 和 Y，产业 X 规模报酬递增，生产差异化产品，S 和 S^* 分别表示母国和外国在差异化产品上的支出份额，产业 Y 规模报酬不变，生产同质化产品。产业 X 存在冰山运输成本 $\tau > 1$，产业 Y 存在冰山运输成本 $\gamma > 1$，两国技术相同。产业 X 给定代表规模经济的线性生产函数，$l = \beta_0 + \beta x$。假定两个国家都具有相同的位似偏好，效用函数不采取 C – D 形式，而是采取更加一般的 CES 函数：

$$U = (C_x^\rho + C_y^\rho)^{1/\rho} \qquad \rho \in (-\infty, 1) \tag{3.5}$$

其中，C_x 和 C_y 分别表示产业 X 和产业 Y 的消费量。于是可以看到，两个产业产品的替代弹性为 $\eta = 1/(1-\rho)$。差异化产品的需求也用 CES 函数来表示：

$$C_x = \left(\sum_{i=1}^{N} x_i^\theta + \sum_{i=1}^{N^*} x_{i*}^\theta\right)^{1/\theta} \qquad \theta \in (0,1) \tag{3.6}$$

其中，N 和 N^* 分别表示本国和外国差异化产品的数目，于是差异化产品的替代弹性为 $1/(1-\theta)$。这样母国和外国在 X 产品上的价格指数分别为

① 外生的差异化产品支出份额，在两国情形时，无论这一份额在国家间是否相同［份额在国家间不同情形见韦德（Weder，2003）的研究］，也无论模型中 IRS—MC 的产业是一个还是多个，均能导出"母市场效应"的存在。

$$q = \left(\sum_{i=1}^{n} p_i^{\theta/\theta-1} + \sum_{i=1}^{n^*} (\tau p_i^*)^{\theta/\theta-1} \right)^{\theta-1/\theta}$$

$$q^* = \left(\sum_{i=1}^{n} (\tau p_i)^{\theta/\theta-1} + \sum_{i=1}^{n^*} p_i^{*\,\theta/\theta-1} \right)^{\theta-1/\theta}$$

(3.7)

这样，消费者会进行一个两阶段的预算，会在 $Y = wl$，$Y^* = w^* L^*$ 这一约束下，最大化（3.5）式，并在 $qC_x = SwL$，和 $q^* C_x^* = S^* w^* L^*$ 这一约束下最大化（3.6）式，从而导出需求函数，通过厂商利润最大化导出最优产量，并通过要素市场和产品市场出清导出均衡厂商数目：

$$n/n^* = (SL)/(S^* L^*)$$

(3.8)

其中，SL 和 $S^* L^*$ 分别表示母国和外国在差异化产品上母市场的大小（Weder，2003）或者称为“有效劳动禀赋”（Yu，2005）。这样贸易模式由（3.8）式决定。同时，根据（3.5）式可以导出支出函数：

$$e(q,w,u) = (q^r + w^r)^{1/r} u, r = \rho/(1-\rho)$$

(3.9)

根据支出函数导出间接效用函数：

$$v(q,w,Y) = (q^r + w^r)^{-1/r} Y$$

(3.10)

（3.10）式根据罗尔定理导出需求函数：

$$C_x = \frac{-\partial v(q,w,Y)/\partial q}{\partial v(q,w,Y)/\partial Y} = \frac{q^{r-1} Y}{q^r + w^r}$$

(3.11)

这样导出支出份额函数：

$$S = \frac{c_x q}{Y} = \frac{q^r}{q^r + w^r} = \frac{(q/w)^{1-\eta}}{1 + (q/w)^{1-\eta}} = \psi(q/w)$$

(3.12)

其中，$\eta = 1/(1-\rho)$

同理有

$$s^* = \frac{(q^*/w^*)^{1-\eta}}{1 + (q^*/w^*)^{1-\eta}} = \psi(q^*/w^*)$$

(3.13)

由（3.12）式和（3.13）式可知，差异化产品的支出份额由差异化产品和同质化产品的相对价格 q/w 和替代弹性 η 决定。

（3.12）式两边对 q/w 求导有

$$\frac{(q/w)}{S} \psi'(.) = (1-\eta)(1-S)$$

(3.14)

由于 S < 1，根据（3.14）式，可以得到如下结论：

当 η > 1 时，S 是 q/w 的减函数，η = 1 时，S 保持不变，η < 1 时，S 是 q/w 的增函数。同时根据贸易平衡条件，可以得到

$$\frac{q/w}{q^*/w^*} = (w^*/w)^{(1+\theta)/\theta} \tag{3.15}$$

由于 L > L*，根据克鲁格曼（1980），大国有更高的工资率，于是有 w > w*，这样根据（3.15）式有 q/w < q*/w*。结合（3.12）式，（3.13）式得到如下结论：当 η > 1 时，有 S > S*，η = 1 时，S = S*，η < 1 时，S < S*

这样（3.8）式中 n/n* 和 L/L* 之间的关系则通过差异化产品与同质化产品间替代弹性 η 的取值而被确定：当 η > 1 时，有 n/n* > L/L*，此时存在"母市场效应"；

当 η = 1 时，有 n/n* = L/L*，此时不存在"母市场效应"；当 η < 1 时，有 n/n* < L/L*，此时产生逆"母市场效应"（reverse Home-market Effects）。

通过以上分析我们看到，一旦假定更为一般的 CES 效用函数来替代 C - D 效用函数，通过使差异化产品的支出份额内生化，让这一份额由两种产品的相对价格和替代弹性来决定，那么，"母市场效应"的存在性则依赖于这一替代弹性的取值，此时"母市场效应"可能产生、消失，甚至逆转。

三、国家产品差异化（national product differentiation）

大部分规模报酬递增、不完全竞争、产品差异化模型均假定产品差异化是厂商层面上的，即不同的厂商生产出的产品具有不完全替代性，从而导出大国成为差异化产品净出口国这一结论。如果在国家产品差异化情形（Armington，1969），此时产品差异不是厂商层面上的，而是国家层面上的，将厂商数目外生给定，使产品因产地而不同，即不同国家生产的同种产品存在不完全替代，这样"母市场效应"还会出现吗？赫德和莱斯（Head & Ries，2001）、芬斯特拉等（Feenstra et al，2001）、克罗泽和特里翁费蒂（Crozet & Trionfetti，2008）对这一问题进行了探讨。

赫德和莱斯（Head & Ries，2001）建立了一个产量份额和需求份额线性

关系的一般化模型，并将贸易障碍纳入这一关系，从而探讨在规模报酬递增情形和国家产品差异化情形"母市场效应"的存在性。假定有两个国家，母国和外国（用 * 表示），制造业部门有 I 个产业，n_i 和 n_i^* 分别表示母国和外国在产业 I 的产品数，并假定存在一个部门 Z 完全竞争，规模报酬不变，不存在运输费用。单一投入要素 l 的工资分别为 w 和 w^*。假定 C－D 型和 CES 型的复合效用函数：

$$U = \sum_{i=1}^{I} \alpha_i \ln u_i + (1 - \sum_{i=1}^{I} \alpha_i) \ln Z$$

$$U^* = \sum_{i=1}^{I} \alpha_i^* \ln u_i^* + (1 - \sum_{i=1}^{I} \alpha_i^*) \ln Z^*$$

$$u = \left[\sum_{j=1}^{n} (\gamma D_j)^{\sigma-1/\sigma} + \sum_{j=n+1}^{N} (\delta D_j)^{\sigma-1/\sigma} \right]^{\sigma/\sigma-1}$$

$$u^* = \left[\sum_{j=1}^{n} (\gamma^* D_j^*)^{\sigma-1/\sigma} + \sum_{j=n+1}^{N} (\delta^* D_j^*)^{\sigma-1/\sigma} \right]^{\sigma/\sigma-1}$$

(3.16)

其中，D_j 和 D_j^* 分别表示母国和外国在产品 j 的需求量。上层效用函数最大化时，母国和外国消费者在产业 i 上的总支出分别为：$E_i = \alpha_i wL$ 和 $E_i^* = \alpha_i^* w^* L^*$。这样母国对产业 i 的需求份额为

$$shr(E_i) = E_i/(E_i + E_i^*) = 1/[1 + (\alpha_i^*/\alpha_i)(w^*/w)(L^*/L)] \quad (3.17)$$

由 (3.17) 式可知，一国对某产业的需求份额由偏好，相对工资率，和相对国家大小来决定。同理在下层效用函数最大化时，导出母国和外国消费者对本国差异化产品的支出份额：

$$x = \frac{n(p/\gamma)^{1-\sigma}}{n(p/\gamma)^{1-\sigma} + n^*(\tau p^*/\delta)^{1-\sigma}}$$

$$x^* = \frac{n^*(p^*/\delta^*)^{1-\sigma}}{n(\tau p/\gamma^*)^{1-\sigma} + n^*(p^*/\delta^*)^{1-\sigma}}$$

(3.18)

由 (3.18) 式可以看到，一国消费者将货币购买本国品还是外国品取决于偏好，每个国家生产的品种数和产品价格。令 $\gamma/\delta = kh$ 且 $\gamma^*/\delta^* = k/h$。其中 k 代表消费者对两国产品的共同评价，用 h 代表消费者对本国品的偏爱程度，h 越大，意味着消费者对本国产品更加偏爱。又令 $b = (h\tau)^{\sigma-1}$ 代表贸

易障碍，h 越大或者 τ 越大时意味着贸易障碍越大。令 $a = [k(p^*/p)]^{\sigma-1}$ 来衡量两国的非对称性。则有

$$x = \frac{b}{b + n^*/an}, x^* = \frac{b}{b + an/n^*} \qquad (3.19)$$

令 v 和 v^* 表示两国差异化产品的总产值，那么，均衡时这一总产值等于消费者在差异化产品上的总支出，于是有

$$v = xE + (1 - x^*)E^* \qquad (3.20)$$
$$v^* = x^*E^* + (1 - x)E$$

根据（3.20）式有

$$shr(v) = [x - (1 - x^*)]shr(E) + (1 - x^*) \qquad (3.21)$$

其中 $shr(v) = v/(v + v^*)$，$shr(E) = E/(E + E^*)$，根据（3.19）式，（3.21）式转化为

$$shr(v) = \frac{b^2 - 1}{[b + an/n^*][b + n^*/an]}shr(E) + \frac{1}{1 + (bn^*)/an} \qquad (3.22)$$

这样，式（3.22）建立了产量份额和需求份额的一般线性关系。shr（E）的系数受到贸易障碍，国家间对称性，和相对产品数目的影响。在国家产品差异化情形，厂商数目是外生的，且 $n = n^*$，在国家间完全对称时（$a = 1$），shr（E）的系数转化为：$(b - 1)/(b + 1) < 1$，这说明需求份额的增长会导致产量份额以更低比例增长，产生逆"母市场效应"。当然在 IRS 情形，由于 n/n^* 的内生性，可以导出 shr（E）大于 1 的结论，此时会呈现"母市场效应"。实际上，只要 n 和 n^* 是外生给定的，如在短期规模报酬递增情形，由于短期内产品数目是保持不变的，也会导出"逆母市场效应"的结论。这样赫德和莱斯通过建立产量份额和需求份额的一般线性关系，并将贸易障碍纳入考虑，得出了在国家产品差异化情形会呈现逆"母市场效应"的结论。

芬斯特拉等（Feenstra et al, 2001）的框架与赫德和莱斯（Head & Ries, 2001）相同，但前者并没有像后者一样探讨产量份额和需求份额之间的线性关系，而是直接通过对模型均衡的求解，探讨市场大小和出口之间的关系。假定 C – D 型和 CES 型复合效用函数和国家间在偏好，技术和贸易障碍上的

完全对称性后，通过对模型均衡的求解，导出需求函数（包括两国对国内品的需求和进口需求）。从而分别探讨规模报酬递增和国家产品差异化情形"母市场效应"的存在性。在国家产品差异化情形，由于厂商数目的外生性，同时两国产品均衡价格相等，同时由于不变规模报酬部门不存在贸易成本的假定使两国具有相同的工资率，这样导出大国差异化产品的净出口为负。即在国家产品差异化情形，大国会成为差异化产品的净进口国，呈现逆"母市场效应"。

克罗泽和特里翁费蒂（Crozet & Trionfetti，2008）对国家产品差异化的假定和前二者存在很大不同。前二者均假定同质化产品部门不存在运输成本，而另外一个部门则是 CRS - PC，国家产品差异化。而克罗泽和特里翁费蒂则是假定同质化产品部门国家产品差异化，且存在运输成本，另外一个部门则是 IRS - MC 型，且产品差异化是厂商层面上的。在这样的假定之下，通过对模型均衡的求解，探讨产量份额和需求份额的关系，克罗泽和特里翁费蒂认为差异化产品部门仍然存在"母市场效应"，只是产量份额和需求份额是非线性的，但前提是同质化产品部门运输成本较低，以保证该部门存在贸易。

表 3.2 描绘了赫德和莱斯（Head & Ries，2001）、芬斯特拉等（Feenstra et al，2001）、克罗泽和特里翁费蒂（Crozet & Trionfetti，2008）对于国家产品差异化的假定及"母市场效应"的存在性。于是可以看到，即使是国家产品差异化情形，由于不同的假定，比如同质化产品部门存在运输成本，或者国家产品差异化与不同的市场竞争结构进行搭配①，均会产生不同的结果。

---

① 一般而言，国家产品差异化均暗含 CRS—PC 的市场结构，但赫德和莱斯（Head & Ries，2002）提出古诺双寡头国家产品差异化模型，其结论也是逆"母市场效应"的存在。

表 3.2 国家产品差异化情形母市场效应的存在性

L > L*	Head & Ries (2001)	Feenstra & Markusen & Rose (2001)	Crozet & Trionfetti (2008)
假定	两国、两部门（第一个部门 CRS—PC，生产同质化产品；不存在运输成本，第二个部门 CRS—PC，国家产品差异化，存在运输成本）	两国、两部门（第一个部门 CRS—PC，生产同质化产品；不存在运输成本，第二个部门 CRS—PC，国家产品差异化，存在运输成本）	两国、两部门（第一个部门 CRS—PC，国家产品差异化，存在较低运输成本，以保证该部门有贸易；第二个部门 IRS—MC，厂商层面上的产品差异化）
考察角度	产量份额和需求份额的关系	出口和市场大小的关系	产量份额和需求份额的关系
母市场效应	第二个部门逆"母市场效应"，产量份额和需求份额呈线性关系	第二个部门逆"母市场效应"	第二个部门存在"母市场效应"，产量份额和需求份额呈非线性关系

四、两个 IRS—MC 产业，两要素模型

一般的产业内贸易模型均假定存在一个 IRS—MC 产业和一个 CRS—PC 产业，使用单一要素进行生产，如果存在两个 IRS—MC 的产业，且生产中使用两种投入要素，那么此时的产业结构和贸易模式会是怎样？阿米蒂（Amiti，1998）探讨了这个问题。通过提出一个两国、两个 IRS—MC 产业、两种投入要素的一般均衡模型，在假定两国仅仅在市场大小上存在差异，在要素禀赋、偏好和技术上完全相同后，阿米蒂集中分析了两国的贸易模式如何受到两产业要素密集度、运输成本和替代弹性的影响。①

假定两国（外国用 * 表示）代表性消费者的效用函数为 C – D 型和 CES 型复合效用函数，两产业均使用劳动 L 和资本 K 两种投入要素进行生产，劳动力在国内自由流动，但在国家间不能流动，而资本可以在国家间自由流动，生产函数为表示规模报酬递增的里昂惕夫型。② 通过对模型均衡的求解，可

---

① 这里仅仅探讨两个 IRS—MC 产业时，产业间要素密集度的差异对贸易模式的影响。其他参数对贸易模式的影响将纳入多产业，单要素模型在第三节进行集中探讨。

② $\alpha + \beta x = \min\left(\dfrac{L}{\gamma}, \dfrac{K}{\delta}\right)$，生产 1 单位的产品需要追加 $\beta\gamma$ 单位的劳动和 $\beta\delta$ 单位的资本，两要素间没有替代性。

以得出两产业产品的需求函数、均衡价格和产量、均衡的厂商数目。然后探讨模型均衡时的贸易模式。

在两产业产品替代弹性和运输成本完全相同时，假定产业 1 产品相对于产业 2 产品更加劳动密集。即 $L > L^*$，$\sigma_1 = \sigma_2 = \sigma$，$\tau_1 = \tau_2 = \tau$ 且（$1 < \tau < \infty$），$\gamma_1/\delta_1 > \gamma_2/\delta_2$。一般而言，随着贸易成本的降低，无论是大国还是小国都面临着进口品的竞争，但同时其出口也都会增加，但由于厂商生产的产品主要是供国内消费，这样在小国生产的厂商会发现其出口的增长获得的收益无法弥补其国内消费降低带来的损失，这样会导致更多的厂商选择在大国生产。更多的厂商在大国生产必然导致对要素需求的增加，于是资本会从小国流向大国，而由于劳动力在国家间不能自由流动，大国对劳动需求的增加必然导致工资的上涨。对于生产劳动密集型产品的厂商而言，由于在大国生产意味着需要支付更高的劳动力成本，于是会选择在小国生产，这样在长期均衡时，必然导致小国生产更多劳动密集型产品，大国生产更多资本密集型产品，资本由小国流向大国。所以如果产业 1 相对于产业 2 更加劳动密集，必然会导致小国净出口产业 1，而大国净出口产业 2。这意味着即使两国具有完全相同的要素禀赋，由于贸易的发生，也会导致大国更加资本密集，而小国更加劳动密集，这样大国净出口资本密集型产品，小国净出口劳动密集型产品，这和 H－O 理论的结论是一致的。只不过 H－O 理论假定要素密集度是外生的，且在国家间不同，并且产业是完全竞争，要素只能在国内自由流动。而这里是将要素密集度内生化了，在规模报酬递增且存在运输成本的情况下，大国和小国即使具有完全相同的要素密集度，在贸易时也会导致大国在资本上具有比较优势，从而成为资本密集型产品的净出口国。

当然在阿米蒂（Amiti, 1998）的框架下，如果假定资本不能自由流动，那么，必然导致大国在两要素上都具有更高的价格，在均衡时，两国两要素价格比是相同的，那么，两国的厂商数目会与其市场大小成比例；而在 H－O 理论的框架下，如果假定存在运输成本，而且资本可以自由流动，那么，资本流动的最终结果会导致均衡时国家间具有相同的要素密集度，这样会导致比较优势不存在，两国没有贸易。

五、多国模型

众多关于"母市场效应"的理论文献均假定两国情形，存在一个自由贸易的 CRS—PC 产业，这样保证两国工资率相等，以简化分析，同时吸纳差异化产品部门的贸易不平衡。如果由两国扩展到多国，由于外生的因素比如技术上的差异导致国家间要素价格不等，这样"母市场效应"还会出现吗？贝伦斯等（Behrens et al, 2009）对这一问题进行了探讨。

假定有 I 国家，国家 i 的人口数为有 l_i，存在两个产业，一个产业 CRS—PC，生产同质化产品，定义为 H 部门，且不存在运输成本；另外一个产业 IRS—MC 生产差异化产品，每个厂商生产一种产品，定义为 D 部门，存在运输成本。每个国家均使用单一要素 l 进行生产，假定生产函数为线性的，$f_i + c_i x_i = l_i$，即存在固定成本 f_i 和不变边际成本 c_i，并假定每个国家在差异化产品部门规模经济程度是一样的，即 f/c 的值在所有国家相同。但是不同国家具有不同的生产力，这导致差异化产品部门由于国家间技术的不同，而形成外生给定的技术上的比较优势。具有这一比较优势的国家在单位产品的生产上会投入更少的劳动，从而导致该国具有更高的工资率。这意味着即使有自由贸易的 CRS—PC 产业的存在，在多国情形里，由于技术上的比较优势，也会导致要素价格不均等。假定每个国家代表性消费者具有 C–D 和 CES 型复合效用函数：

$$U_i = H_i^{1-u} D_i^u, 0 < u < 1$$

$$D_i = \left[\sum_j \left(\int_\Omega d_{ji}(\omega)^{\frac{\sigma-1}{\sigma}} d\omega \right) \right]^{\frac{\sigma}{\sigma-1}} \tag{3.23}$$

其中，$d_{ji}(\omega)$ 表示 i 国向 j 国进口的产品 ω，Ω 表示 j 国生产的差异化产品的数目，其中 j = 1，2，…，I。

在这样的效用函数和线性生产函数的假定下，通过对模型均衡的求解得出国家 i 对 j 的出口：

$$d_{ij} = \frac{p_{ij}^{-\sigma}}{p_j^{1-\sigma}} Y_j u \tag{3.24}$$

其中，Y_j 为 j 国总收入，p_j 为 j 国差异化产品的价格指数，p_{ij} 为 i 国出口

到 j 国的差异化产品的价格，是边际成本上的一个上升额，q_i 为 i 国单个厂商的产量，此时有

$$p_j = \left[\sum_I n_i p_{ij}^{1-\sigma} \right]^{1/(1-\sigma)}$$

$$p_{ij} = w_i c_i \tau_{ij} \frac{\sigma}{\sigma-1} \qquad (3.25)$$

$$q_i = \frac{f_i(\sigma-1)}{c_i}$$

对任何一个国家而言，在均衡时其差异化产品的产量应等于国内消费加上其出口，于是有

$$\sum_j d_{ij}\tau_{ij} = \frac{f_i(\sigma-1)}{c_i} \qquad (3.26)$$

贝伦斯等（2009）对"母市场效应"存在性的探讨着眼点还是在一国产量份额和其需求份额之间的关系上，通过对式（3.26）的诸多变形，最终得到了均衡时产量份额和需求份额之间的关系：

$$\lambda^* = \left[\mathrm{diag}(\phi^{-1}A^{-\sigma}1)\phi A^{\sigma} \right]^{-1}\theta \qquad (3.27)$$

其中，λ^* 为一国的产量份额，θ 为一国的需求份额，diag 表示对角矩阵，ϕ 为 I 维方阵，其元素表示产业 D 在国家间的运输成本，A 为 I 维列向量，其元素用来衡量国家的比较优势，表示不同国家在产业 D 上的相对生产力，"1"为 I 维行向量，其元素均为 1。由（3.27）式可以看到，一国产量份额和需求份额存在线性关系，但是每个国家的产量份额和需求份额究竟存在何种关系则取决于国家间不同的运输成本和比较优势。如果在多国情形要存在"母市场效应"，必须满足一国需求份额的增长导致产量份额以更大比例增长这一条件。这样如果有 $\theta_1 \geq \theta_2, \cdots, \geq \theta_1$，那么，要存在"母市场效应"必然要求 $\lambda_1^*/\theta_1 \geq \lambda_2^*/\theta_2, \cdots, \geq \lambda_1^*/\theta_1$ 经过数值模拟，贝伦斯等（2009）认为"母市场效应"在多国情形并不存在，原因在于国家间技术禀赋和运输成本的差异性。假定所有国家具有完全相同的技术禀赋，并且一国对所有国家的运输成本均相同的情况下，"母市场效应"才会出现。

这说明在多国情形，"母市场效应"的存在面临着相当严峻的假定，由于国家间在地理位置上的差异，必然导致一国对不同国家的贸易存在不同的

运输成本，同时国家间生产力上的差异也是个现实存在的问题，所以在多国情形，并不存在"母市场效应"。[①]

六、寻找"母市场效应"存在的必要条件

通过对以上不同假定情形的考察，我们再回头来看克鲁格曼（1980），赫尔普曼和克鲁格曼（1985）模型的假定：两国、两产业（一产业规模报酬递增，垄断竞争，生产差异化产品，存在冰山形式运输成本；另一产业规模报酬不变，完全竞争，自由贸易，同质化产品）、单要素、C－D 和 CES 复合效用函数。

根据贝伦斯等（2009），两国的假定非常重要，如果在多国情形，由于不同国家在地理位置上的不同会导致运输成本在国家间的差异，同时国家间在技术禀赋上的不同也会影响到贸易模式，虽然在控制了贸易成本和比较优势后，"母市场效应"在多国情形仍然会出现，但由于这些差异都是非常现实的问题，所以在多国情形，"母市场效应"并不存在，于是两国的假定可以视为"母市场效应"存在的必要条件；众多的多产业单要素模型均证明了"母市场效应"的存在，只不过"母市场效应"会随着这些不同的产业特征而呈现强度上的差异（Amiti，1998；Holmes & Stevens，2005；Weder，2003；Hanson & Xiang，2004），两产业也不是"母市场效应"存在的必要条件；规模报酬递增是"母市场效应"赖以存在的重要基础，也是新贸易理论的基本假定，规模经济是产业内贸易的重要动因，如果没有了规模经济这一假定，那么贸易模式将由比较优势决定，"母市场效应"不可能出现，所以规模报酬递增是"母市场效应"存在的必要条件；垄断竞争、差异化产品、冰上运输成本、CES 需求等假定也不是"母市场效应"存在的必要条件，在国家产品差异化情形，"母市场效应"会逆转（Feenstra，2001；Head & Ries，2001，2002），同时赫德和莱斯（Head & Ries，2002）通过建立一个厂商区

[①] 这和两国框架下的多产业模型形成区别，两国框架下，即使存在多个产业，这些产业的运输成本、要素密集度、规模经济程度、产品替代弹性不同，仍然会出现"母市场效应"，只不过"母市场效应"会随着这些不同的产业特征而呈现强度上的差异（Amiti，1998；Holmes & Stevens，2005；Weder，2003；Hanson & Xiang，2004）。

位选择的一般模型,结合几种不同的市场结构,证明了古诺双寡头的同质化产品部门也会存在"母市场效应",[①] 而且当运输成本不采取冰山形式,而采取单位运输成本形式,下层效用函数不采取 CES 型,而采取线性形式后,同样能得出"母市场效应"存在的相关条件;同质化产品部门不存在运输成本也不是"母市场效应"存在的必要条件,克罗泽和特里翁费蒂(2008)证明了同质化产品部门运输成本在一定范围内时,该部门存在贸易,而差异化产品部门存在"母市场效应",只不过此时产量份额和需求份额是非线性关系;在两要素情形阿米蒂(1998)证明了只要假定劳动力在国内自由流动,而资本在国家间可以自由流动,均能导出大国会成为资本密集型产品净出口这一结论,这意味着单要素也不是"母市场效应"存在的必要条件;而效用函数的 C-D 和 CES 复合形式也不是"母市场效应"存在的必要条件,因为余(Yu,2005)证明了即使采取更一般的 CES 函数来代替 C-D 函数,将差异化产品支出份额内生化,在两产业替代弹性大于1的情形,"母市场效应"还是会出现。

综上所述,"母市场效应"在非常一般的情形下会存在,其存在的必要条件是产业规模报酬递增,存在运输成本,且是双边贸易情形。表 3.3 综合了本节的探讨,描述了在各种不同假定下"母市场效应"的存在性:

表3.3 不同假定下母市场效应的存在性

假 定	相关文献	结 论
同质化产品部门存在运输成本	Davis(1998),Amiti(1998),Yu(2005),Crozet & Trionfetti(2008)	$\tau>1$,$\gamma\geq\tau^{\theta}$ 时有"母市场效应";$1<\gamma<\tau^{\theta}$ 时存在"母市场效应"
差异化产品部门支出份额内生化	Yu(2005)	取决于同质化产品部门和差异化产品部门的替代弹性,替代弹性大于1时有"母市场效应",等于1时无,小于1时呈现逆"母市场效应"
国家产品差异化	Amington(1969),Feenstra(2001),Head & Ries(2001,2002),Crozet & Trionfetti(2008)	呈现逆"母市场效应"或者存在"母市场效应",但产量份额和需求份额是非线性关系

---

① 古诺双寡头同质化产品模型见布兰德(Brander,1981)、费恩斯特拉(Feenstra,2001)。

续表

假 定	相关文献	结 论
两要素模型	Amiti（1998）	有"母市场效应"，大国净出口资本密集型产品
古诺双寡头同质化产品模型	Brander（1981），Feenstra（2001），Head & ries（2002）	有"母市场效应"
多国模型	Behrens 等（2009）	无"母市场效应"，贸易模式受到第三国影响
多产业单要素模型	Holmes & Stevens（2005），Weder（2003），Hanson & Xiang（2004）	存在"母市场效应"但会随着产业特征的不同而呈现强度上的差异

第三节 "母市场效应"的强度

第二节描述了克鲁格曼（Krugman，1980）关于"母市场效应"理论的框架及其假定放松后"母市场效应"的存在性。克鲁格曼（Krugman，1991）通过建立一个厂商区位选择的模型，探讨了制造业集中的必要条件。当然他考察的是一个角解，在角解情形，厂商完全集中于一个地区，这样不会存在产业内贸易。但克鲁格曼（1991）认为"母市场效应"的存在会导致区域离散（regional divergence），促使厂商集中于一个地区，而且区域离散的必要条件是运输成本要足够低，同时制造业部门支出份额要大，同时产品差异化程度要高。即使这些结论并没有回答什么样特征的行业会集中这样的问题，即并没有考察"母市场效应"的强度问题，但是区域离散的条件和"母市场效应"的强度所依赖的参数应是共同的。如果多个产业均存在"母市场效应"，如果不对这些产业的"母市场效应"强度作出区分，那么就会显得过于模糊和笼统，也不利于更清晰地了解产业结构和贸易模式。不同产业明显会存在诸多不同的特征，从理论上讲不同产业的产量份额和需求份额的关系肯定不一样（或者其相对市场大小和相对出口的关系肯定不一样），即使都存在"母市场效应"，其强度应该也会有区别。一般而言，某个产业"母市场效应"的强度依赖于以下特征：国家间贸易障碍、行业规模经济程度、行业运输成本、行业产品差异化程度等（Krugman，1991；Amiti，1998；Holmes &

Stevens，2005；Weder，2003；Hanson & Xiang，2004）。本节将集中探讨"母市场效应"如何随着这样一些特征而呈现强度上的差异。由于我们主要是探讨行业特征导致的"母市场效应"强度的变化，寻求的是一个存在产业内贸易的内点解，除了贸易障碍这一参数外，我们将在多产业单要素框架下进行分析。

一、贸易障碍

赫德和莱斯（Head & Ries，2001）建立了一个产量份额和需求份额线性关系的一般化模型，并将贸易障碍纳入这一关系，从而推导在规模报酬递增和国家产品差异化情形"母市场效应"的存在性。其产量份额和需求份额线性关系如下式：

$$shr(v) = \frac{b^2 - 1}{[b + an/n^*][b + n^*/an]}shr(E) + \frac{1}{1 + (bn^*)/an} \quad (3.28)$$

式中 $shr(v)$ 代表差异化产品的产量份额，$shr(E)$ 代表差异化产品的需求份额，b 代表两国的贸易障碍，a 代表国家间的对称性，在两国完全对称时有 $a=1$，同时 $n/n^* = v/v^* = shr(v)/[1 - shr(v)]$，这样（3.28）式转化为

$$shr(v) = \frac{b+1}{b-1}shr(E) - \frac{1}{ab-1} \quad (3.29)$$

由（3.29）式可以看到，斜率 $(b+1)/(b-1)$ 决定了"母市场效应"的强度，斜率越大意味着"母市场效应"越强。令 $s = (b+1)/(b-1)$，则有

$$\frac{ds}{db} = \frac{-2}{(b-1)^2} \quad (3.30)$$

由（3.30）式可以看到，斜率和 b 值存在负相关关系，而 b 值越小，则意味着贸易障碍的削弱，反之，则意味着贸易障碍的增强。这样我们似乎可以得出结论，贸易障碍的降低会导致更强的"母市场效应"。这并不难理解，贸易障碍的降低，使得贸易更不会被各种人为的因素扭曲，这样产业内贸易模式则主要由市场大小来决定，这样"母市场效应"当然会更加强烈。这意味着随着一体化程度的加深，"母市场效应"的作用将更加明显，这样会导致制造业的生产呈现集中的趋势，同时影响了国家间在贸

易中的收入分配。

当然贸易障碍的削弱导致的"母市场效应"的增强所带来的福利含义尚无定论。克鲁格曼（1980）指出，为使呈现"母市场效应"的 IRS – MC 部门实现贸易平衡，就要求小国保持一个相对低的要素价格。这就意味着与大国的贸易自由化可能降低小国的工资。戴维斯（1998）则担心"母市场效应"可能会使小国出现"去工业化"（Deindustrialised）现象。藤田昌久等（1999）认为，在某种程度上，"母市场效应"使工人在大国受益将出现一个移民的累积循环过程从而导致中心 – 外围模式。此外，赫德等（Head et al，2002）、图尔蒙德（Toulemonde，2005）等的研究也表明，似乎"母市场效应"只会使大国受益，小国受损。然而，情况并非完全如此。赫德和莱斯（Head & Ries，2001）运用国家产品差异化不变规模报酬模型，发现出现了逆"母市场效应"：小国可能成为净出口国。而且，贸易自由化将会促使小国制造业增加产出份额，原因在于小国企业增加了对大国市场的准入而获益。钟（Chung，2002）通过将非位似偏好（Nonhomothetic Preferences）融入模型，考察在相对市场规模的条件下，富有的小国（单位资本收入高但 IRS – MC 产品市场绝对小）是否仅仅因为它的规模劣势而受损。如果答案是肯定的，贸易对小国不利，那么在推进贸易自由化和深度一体化的同时必须考虑某些协调机制。但他发现，与位似偏好假设下"母市场效应"以小国的损失为代价不同，非位似偏好的"母市场效应"模型提供了一个相互受益的情形。如果两国有不同的单位资本收入，需求模式由于非位似偏好而呈现出非对称，进一步地，生产的区位分布将反映这种非对称。另外汉森和向（Hanson & Xiang，2004）、余（Yu，2005）等的研究也表明，所谓的"去工业化"现象并不一定会发生或者要弱得多。奥塔维亚诺（Ottaviano，2001）在克鲁格曼（1980）模型的基本框架下，构建了两要素、以标准化产品衡量的运输成本以及非对称的拟线性二次型效用函数模型，发现垄断竞争部门趋向于无效率地集聚于大国。而且，企业的市场势力越强、贸易成本越低，集聚于大国的企业越多。然而，过度集聚可能取决于成本和需求函数的具体形式，但无效率却相对稳定。当垄断竞争企业选择区位时，它只考虑自己的利润而不充分考虑其区位决定对部门内其他企业和总消费者剩余的影响。因而最终的结果将是无效率的区位选择和缺乏效率的国际专业化。总的来看，由于采用的模型不同，"母市场效应"对不同规模国家的福利含义得出的结论也有很大的差异，因此还有待进一步深入考察，至于"母市场效应"的全球福利含义在很大程度上也受制于模型的假设条件，而且这类研究目前还比较少，因此也不能轻易做出判断。

二、运输成本和产品差异化程度

汉森和向（Hanson & Xiang，2004）探讨了"母市场效应"如何随着行业特征的不同而呈现强度上的差异。一般而言，行业特征有许多，如行业的技术、要素密集度、规模经济程度、运输成本、产品差异化程度等，这里要考察的行业特征是运输成本和产品差异化程度。我们的探讨主要在多产业，单要素框架下进行。

假定有两个国家，一个大国，一个小国（用 * 表示）。两个国家均使用单一要素劳动进行生产。将小国的劳动禀赋和工资标准化为 1，大国的劳动禀赋为 $L > 1$，工资为 w，收入为 $Y = wL$。存在一个 D – S（Dixit & Stiglitz，1977）垄断竞争产业连续流，以 $z \in [0,1]$ 表示，消费者有相同的 C – D 偏好，定义 $\alpha(z)$ 为产业 z 的消费份额，则有 $\int_0^1 \alpha(z) dz = 1$。用 $n(z)$ 代表产业 z 的产品数，$\sigma(z)$ 代表产品间替代弹性。$\tau(z) > 1$ 代表冰山贸易成本，用 $x(z) = \tau(z)^{\sigma(z)-1}$ 代表产业 z 的有效贸易成本。假定每种产品价格为 $p(z)$，产量为 $q(z)$，固定成本为 $c(z)$，边际成本标准化为 1。这样产业 z 的均衡价格和产量分别为

$$p(z) = \frac{\sigma(z)}{\sigma(z)-1} w, q(z) = c(z)[(\sigma(z)-1)] \tag{3.31}$$

在产业 z 上，一国总收入应等于总支出，这样有

$$npq = \alpha Y\Gamma + \alpha\Gamma^*, \Gamma = \frac{np^{1-\sigma}}{np^{1-\sigma} + n^*(p^*)^{1-\sigma}x^{-1}}$$

$$n^*p^*q^* = aY(1-\Gamma) + a(1-\Gamma^*), \Gamma^* = \frac{np^{1-\sigma}}{np^{1-\sigma} + n^*(p^*)^{1-\sigma}x} \tag{3.32}$$

同时，一国收入应等于所有产业销售额的加总

$$Y = \int_0^1 n(z)p(z)q(z)dz \tag{3.33}$$

这样（3.33）式结合（3.31）、（3.32）式有

$$\int_0^1 \alpha(z)g(z)dz = 0, g(z) = \left[\frac{Y}{x(z)w^{\sigma(z)} - 1} - \frac{w^{\sigma(Z)}}{x(z) - w^{\sigma(z)}} \right] \tag{3.34}$$

根据式（3.34）能解出均衡工资率 w，一旦 w 解出，即可通过式（3.31）和（3.32）解出所有其他内生变量。式（3.34）有唯一均衡解 $1 < w < \min[x(z)]^{1/\sigma(z)}$。这样可以看到，大国有更高的工资率。如果产业 z 存在"母市场效应"，那么必有 $n(z)/n^*(z) > L$，而该式等价于 $g(z) > 0$（见 Hanson & Xiang，2004）。这意味着产业 z 要呈现"母市场效应"必须要有 $g(z) > 0$。而 $g(z)$ 的大小依赖于 $\alpha(z)$、$\sigma(z)$、$\tau(z)$ 这几个重要参数的取值。如果对这几个参数没有给定取值，我们没办法得出 $g(z)$ 的大小，但是即使没有给定这些参数的取值，$g(z)$ 的大小在产业间仍然可以比较。$g(z) > 0$ 等价于

$$Y \left[\frac{x(z)}{w^{\sigma(z)}} - 1 \right] > \left[x(z)w^{\sigma(z)} - 1 \right] \tag{3.35}$$

"母市场效应"意味着厂商会更多地选择在大国生产，因为在大国生产可以节约运输成本，并获得更多的大国消费者；同时在大国生产会增加生产成本，因为大国有更高的工资率。这样"母市场效应"意味着厂商在运输成本的节约所获得的收益和面临更高生产成本之间的一种权衡。式（3.35）表达了这种权衡，式左边是厂商在大国生产所获得的收益，右边是在大国生产面临的成本。如果收益高于成本则"母市场效应"存在。式（3.35）可以变形为

$$Y > w^{2\sigma(z)} + \frac{w^{\sigma(z)}}{x(z)}(Y - 1) \tag{3.36}$$

由式（3.36）可以看到，等式在 $\sigma(z)$ 越小，$x(z)$ 越大时更有可能成立，这意味着高的运输成本，低的替代弹性的产业更倾向于呈现"母市场效应"。同时"母市场效应"的强度也可以在产业之间作出比较。如果 $g(z_0) > 0$，同时有 $x(z_1) > x(z_0)$，且 $\sigma(z_1) < \sigma(z_0)$，那么必有 $g(z_1) > 0$。这说明如果产业 z_0 呈现"母市场效应"，那么在产业 z_1 相对于产业 z_0 有更高的运输成本和更

低的替代弹性的情况下，必有产业 z_1 也呈现"母市场效应"。同时也可以得出这样的推论：如果两个产业有相同的运输成本，那么更低替代弹性的产业会呈现更强的"母市场效应"；同时如果两个产业有相同的替代弹性，那么具有更高运输成本的产业将呈现更强的"母市场效应"。汉森和向（2004）的结论意味着"母市场效应"会随着产业间运输成本和替代弹性的不同而呈现强度上的差异，高的运输成本，低的替代弹性（产品差异化程度高）的产业会呈现更强的"母市场效应"。

阿米蒂（Amiti，1998）的两个规模报酬递增产业的一般均衡模型（见第二节）得到了与汉森和向（2004）相同的结论。阿米蒂（1998）在假定两产业具有相同的要素密集度和相同的产品替代弹性后，认为大国将从事相对更高的运输成本的产品的专业化生产，小国从事相对更低的运输成本的产品的专业化生产。这样大国将会成为高运输成本产品的净出口国，而小国将成为低运输成本产品的净出口国，这也说明在其他条件一样时，高运输成本的产业将呈现更强的"母市场效应"。这在直觉上很好理解，高运输成本产品的生产厂商在进行区位选择时，肯定会倾向于选择在大国生产，这样可以节约这一高运输成本，相较而言，低运输成本产品的生产厂商选择在大国生产的积极性就不够，因为节约的运输成本往往不足以弥补在大国生产面临的更高生产成本和更多厂商的激烈竞争。所以均衡时，大国必然有更多的高运输成本产品的生产厂商，从而导致大国成为该种产品的净出口国。阿米蒂（1998）也得到了一些有趣的结论：如果两产业除了在运输成本上存在差异外，还在要素密集度上也存在差异，此时的贸易模式会是怎样？比如产业1有更高的运输成本，且劳动密集；产业2有更低的运输成本，且资本密集，在这种情况下的贸易模式则取决于两国的贸易情况和出口在收入中所占的比重。如果两国贸易不多，出口很少，产品主要是供国内消费的，那么此种情况下，厂商节省运输成本的倾向并不强烈，大国将会更多从事资本密集型产品的生产，尽管该产品运输成本低；但是如果两国贸易量很大，出口在收入中占据的比重也大，那么此时厂商节省运输成本的倾向会很强烈，那么大国将从事高运输成本产品的专业化生产，尽管其是劳动密集的。同时阿米蒂（1998）也认为，在两产业具有相同的要素密集度和运输成本时，替代弹性低（产品差异化程度高）的产品生产厂商会更多集中于大国，这样大国成为低替代弹性产品的净出口国，小国成为高替代弹性成品的净出口国。这也很好理解，因为价格是边际成本上的一个上升额，低替代弹性的产品相对于高替代弹性的产品会有更高的价格（见 3.31 式）。这样，具有更高价格的产品的生产厂商肯定会更倾向于在大国生产，这样可以获得更多的国内消费者，从而使销售收入更大。

根据汉森和向（2004）和阿米蒂（1998）的研究，我们可以得出这样的结论："母市场效应"会随着产业特征的不同而呈现强度上的差异，高运输成本，低替代弹性的产业会呈现更强的"母市场效应"，大国会成为该种产品的净出口国。同时通过比较静态分析也能看到，在产业间仅在运输成本上存在差异时，高运输成本的产业会呈现更强的"母市场效应"；在产业间仅在替代弹性上存在差异时，低替代弹性的产业会呈现更强的"母市场效应"。

三、规模经济程度

规模经济是产业内贸易的动因，也是"母市场效应"存在的必要条件。再假定两个部门，一个部门规模报酬递增，而另一个部门规模经济不变的情形下，结合相关假定往往能导出规模报酬递增部门呈现"母市场效应"的结论。但是，当存在多个产业，如果这些产业是在其他方面是完全相同的，仅存在规模经济程度的差异，那么"母市场效应"的强度是否会随着规模经济程度的不同而呈现出差异？

在 D－S 框架里，我们很容易导出厂商的均衡价格是边际成本的上升额：

$$p_e = \frac{\sigma}{\sigma - 1}MC \qquad (3.37)$$

均衡时，厂商的均衡价格等于平均成本 AC，即 $p_e = AC$，那么必有 $\theta = MC/AC$，$\sigma = 1/(1-\theta)$，于是可以看到，随着替代弹性 σ 的降低，会导致 θ 的降低，这意味着平均成本 AC 相对于边际成本 MC 更高，这也意味着均衡中更高的规模经济程度。即 σ 是衡量规模经济程度高低的逆指标（Krugman，1980，1981；Weder，2003），σ 越小，表示规模经济程度越高；σ 越大则意味着规模经济程度越低。而根据前文的推导（Hanson & Xiang，

2004；Amiti，1998），在其他条件相同时，σ 越小，则"母市场效应"越强，于是我们可以得出这样的结论，"母市场效应"的强度与规模经济程度的高低密切相关，高规模经济产业会呈现出更强的"母市场效应"，替代弹性 σ 既是描述产品差异化程度的指标，同时也是衡量规模经济程度高低的逆指标。

克鲁格曼（Krugman，1991）通过建立一个厂商区位选择的新经济地理学模型来探讨制造业集中必要条件。如果制造业要集中于某个地区，形成区域离散（regional divergence），那么必要条件之一就是产品间替代弹性小，即产品差异化程度高，或者行业规模经济程度高。而区域离散、产业集中则意味着"母市场效应"的存在，说明市场大小对贸易模式的决定作用。所以从克鲁格曼（1991）我们也能导出行业规模经济程度越高，则"母市场效应"越强的结论。

韦德（Weder，2003）提出了一个多产业，单要素的一般均衡模型，通过探讨两国在某产业上的相对出口和相对市场大小的关系，来研究"母市场效应"的存在性。同时他也探讨了两国在某产业上的相对出口和产业规模经济程度的关系，其也是利用替代弹性 σ 来作为衡量规模经济程度的逆指标，结果导出，相对出口和 σ 存在负相关关系，这意味着随着产业规模经济程度的提高，"母市场效应"会更加强烈，高规模经济程度的产业会呈现强的"母市场效应"。

霍姆斯和斯蒂文斯（Holmes & Stevens，2005）也提出一个多产业单要素模型，这些产业在其他方面如运输成本，产品替代弹性等都是一样的，仅在规模经济程度上存在差异，即规模报酬不变产业和规模报酬递增产业之间存在许许多多中间类型。其主要是要探讨行业规模经济程度的差异如何影响到了贸易模式。结果发现，如果假定规模报酬不变的产业和较低的规模经济程度的产业与其他产业存在相同的贸易成本，那么这样的产业将没有贸易；贸易只发生在规模经济程度中等或程度较高的产业，大国将会成为高规模经济程度产品的净出口国，而小国将会成为中等程度规模经济产品的净出口国。这也说明高规模经济程度的产业会倾向于集中在大国，高的规模经济程度意味着更强的"母市场效应"。

表 3.4 描述了"母市场效应"的强度与一些关键参数的关系。

表 3.4   "母市场效应"的强度与一些关键参数的关系

参　　数	相关文献	"母市场效应"的强度
贸易障碍	Head & Ries（2001）	贸易障碍的削弱意味着更强的"母市场效应"
运输成本和替代弹性	Amiti（1998），Hanson & Xiang（2004）	高运输成本，低替代弹性的产业会呈现更强的"母市场效应"，在产业间仅在运输成本上存在差异时，高运输成本的产业会呈现更强的"母市场效应"；在产业间仅在替代弹性上存在差异时，低替代弹性的产业会呈现更强的"母市场效应"
规模经济程度	Krugman（1991），Weder（2003），Holmes & Stevens（2005）	高规模经济程度的产业会呈现更强的"母市场效应"

第四节　本章小结

　　"母市场效应"对国际贸易的影响已受到国外许多学者的关注。它指的是，当存在规模经济和运输成本时，企业会倾向于选择产品市场规模最大的地方建厂生产，并由于规模报酬递增，一个国家会倾向于出口迎合本国需求的产品，即每个国家会选择出口国内市场需求较大的产品。本章描述了克鲁格曼（1980）关于"母市场效应"理论的最初模型，并且探讨了众多学者对"母市场效应"的存在性在理论上进行的多种论证工作，主要是对克鲁格曼最初一些假定的放松和修改。本章对这些工作的描述非常详尽、清晰，并对不同学者的工作进行了对比分析和述评，同时本章也探讨了"母市场效应"的强度所依赖的一些重要参数。

　　本章的工作是对"母市场效应"理论的综合和梳理，对于详细了解该理论的产生及发展，深层次理解市场大小对贸易模式的决定机制非常有帮助。同时对于政策层面上如扩大内需、加强企业研发投入、实行产品差异化战略、实现规模经济等也提供理论支持。同时本章的理论综合和梳理工作对于做"母市场效应"存在性的经验研究工作也提供了方向。

"母市场效应"理论
及其应用研究

Chapter 4

第四章 "母市场效应"的经验研究路径

　　理论上广泛存在的"母市场效应"（Head & Ries，2002）是否在现实的贸易中也广泛存在？众多文献对这一问题进行了研究。对"母市场效应"的存在性做实证上的检验非常有意义。首先，如果"母市场效应"在规模报酬递增和存在运输成本情况下普遍存在，那么就能从实证上将其与规模报酬不变和规模报酬递减情形区别开来，通过"母市场效应"的存在性，来判断行业是否呈现规模经济。其次，克鲁格曼（1980）认为，如果在均衡中强调贸易平衡，那么"母市场效应"的存在必然导致小国要素价格的降低，这样小国会产生与大国进行自由贸易导致工资率降低的担忧，同时在大的市场劳动力的状况会得到改善，那么必然会导致核心—外围模式的不断形成（Krugman，1991），这样随着经济一体化程度的加深，小国的制造业生产将不断压缩，制造业的生产将呈现集中的趋势，这样"母市场效应"的存在将影响全球化趋势下国家间的收入分配。再次，"母市场效应"的存在意味着规模经济也是贸易的重要动因。那么一国在没有比较优势，或者原有优势日减的情况下，即可以通过扩大国内需求来提高和巩固其在对外贸易中的地位，所以"母市场效应"的存在为扩大内需这一经济政策提供了理论依据，同时规模经济程度的提高、产品差异化程度的提高等都会导致更强的"母市场效应"。这也为鼓励产业实现规模经济，厂商实行产品差异化战略提供了支持。

　　"母市场效应"理论的含义提供了两种不同的检验路径。首先可以将"母市场效应"理解为需求对产量的"放大效应"（Davis & Weinstein，1999），需求的增长导致产量以更大比例增长，这样在实证上可以探讨相对产量和相对需求的线性（或者是非线性）（Crozet & Trionfetti，2008）关系；其次可以将"母市场效应"理解为大的国内市场对出口的促进作用，这样实证上可以探讨收入和出口的关系，或者国内需求和出口的关系，这样一条路径一般需要使用引力方程（gravity equation）。研究者可以根据现有的条件和研究的需要采取相应的路径。

　　本章接下来将探讨两条不同的路径下，众多学者对"母市场效应"存在性所做的检验工作。

第一节　探讨需求和产量关系

阿米蒂（Amiti，1998）对欧盟国家的产业结构和贸易模式进行了考察，看其是否与新贸易理论的假设一致。新贸易理论关注大的市场对产业结构的决定作用。理论模型显示，规模经济和贸易成本的相互作用导致了制造业生产集中于需求较大的国家。规模经济使企业只选择一个地方从事生产，而贸易成本促使企业在区位上选择较大的市场（Krugman，1980；Helpman & Krugman，1985）。根据循环因果原理（circular causation）（Myrdal，1957），制造业将会集中于有较大市场的地方（backward linkage）（Krugman，1991），而在制造业集中的地方，市场才会大。在其他条件相同情况下，人们会更倾向于生活在制造业集中的地带，因为在那里人们购买商品会更加便宜（forward linkage）（Krugman，1991）。由此可以看到，制造业的集中是一个趋势。阿米蒂（1998）对欧盟国家的研究显示，欧盟国家专业化生产程度增强，欧盟国家产业地理集中程度更高。这与新贸易理论的以上假设是一致的。"母市场效应"理论认为，产业会集中于需求较大的国家，该文对"母市场效应"的存在提供了支持①。

基于一个含有"母市场效应"的报酬递增和要素禀赋的融合模型，戴维斯和维恩斯坦（Davis & Weinstein，1996，1999）对以下方程进行估计：

$$X_g^{nc} = a_g^n + \beta_1 SHARE_g^n + \beta_2 IDIODEM_g^{nc} + \Omega_g^n V^c + \varepsilon_g^{nc} \tag{4.1}$$

（4.1）式中，X_g^{nc} 衡量国家 c 产业 n 产品 g 的产出；$SHARE_g^n$ 是国家 c 产业 n 产品 g 相对于世界其他国家的产出水平；$IDIODEM_g^{nc}$ 衡量超常需求，其系数将决定是否存在母市场效应；V 是要素禀赋向量。这些指标需要通过投入—产出数据进行计算。根据戴维斯和维恩斯坦（1996，1999）的理论模型，当 $\beta_2 = 0$ 时，表明贸易模式由比较优势决定；当 $0 < \beta_2 < 1$ 时，属于存在贸易成本的比较优势；而当 $\beta_2 > 1$ 时，"母市场效应"出现，它将决定贸易

---

① 如果 OECD 国家某个产业的需求增长 1%，则其产量将增长 1.6%，这是"母市场效应"存在的重要证据。

模式。运用该方程，戴维斯和维恩斯坦（1996）首先检验了 OECD 国家的制造业生产结构，结果并不支持"母市场效应"。要素禀赋解释了 90% 的生产模式，HME 仅为 5%。紧接着，戴维斯和维恩斯坦（1999）又运用该方程考察了日本的区域生产结构，发现 19 个制造业部门中有 8 个支持"母市场效应"。这说明，相比国际生产结构而言，"母市场效应"对于解释一个区域层次的产业结构更为有效。为什么"母市场效应"在区域层次上要强于国家层次上？戴维斯和维恩斯坦认为原因可能有两个：第一个是贸易成本，无论是运输成本还是贸易壁垒，区域之间肯定低于国家之间，低贸易成本意味着在相对小的市场上保护较少；第二个在于区域间要素流动性要强于国家之间，较强的要素流动性将强化"母市场效应"。随后戴维斯和维恩斯坦（2003）将克鲁格曼（1980）的模型和多部门 H－O 模型结合起来，对 OECD 国家制造业部门的母市场效应进行了实证研究，并认为"母市场效应"对 OECD 国家的多数产业非常重要。该文是对戴维斯和维恩斯坦（1996）工作的扩展，目的是对规模报酬递增引起的贸易和比较优势引起的贸易进行区分，将报酬递增和贸易成本纳入一般均衡分析框架。其分析的展开与戴维斯和维恩斯坦（1999）相同。与戴维斯和维恩斯坦（1996）不同，该文得出的结论对"母市场效应"的存在提供了支持，1/2 ~ 2/3 的 OECD 国家的制造业部门存在"母市场效应"，文中的模型证明了报酬递增对 OECD 国家产业结构的重要性。

赫德和莱斯（Head & Ries，2001）提出了规模报酬递增和 NPD 模型。规模报酬递增模型认为一国需求的增长会导致产出以大于 1 的比例增长，而 NPD 模型则认为产出会以小于 1 的比例增长。赫德和莱斯（2001）提出了如下检验方程：

$$shr(v) = \frac{(b^2 - 1)}{[b + an/n^*][b + n^*/(an)]} shr(E) + \frac{1}{1 + (bn^*)/(an)} \quad (4.2)$$

其中，$shr(v)$ 代表一国差异化产品产量份额，a 表示国家间的对称性，b 表示贸易壁垒，$shr(E)$ 表示一国差异化产品需求份额。该式通过纳入贸易障碍，建立了产量份额和需求份额的线性关系。在 NPD 情形，厂商数目是外生的，有 $n = n^*$，在假定两国完全对称时有 $a = 1$，这样（4.2）式进一步简化；在 IRS 情形，由于 n/n^* 是内生的，其和 $shr(v)$ 之间存在函数关系，同时假定两国完全对称时有 a = 1，这样（4.2）式也可进一步简化。如果（4.2）式中需求份额的系数大于 1，则意味着"母市场效应"的存在。

基于（4.2）式赫德和莱斯考察了 1990～1995 年美国和加拿大的贸易，其样本时期包括 1998 年签订美国－加拿大自由贸易协定的关税削减期。贸易障碍的削弱意味着更强的"母市场效应"。两种模型都是产业内贸易，在每个产业内部，每个国家都从事某种产品的专业化生产。随着时间的推移，美国和加拿大关税和非关税壁垒都在不断削弱，但是关税对贸易量的影响仍然很强。两种模型都认为一国需求和其产量间存在线性关系，但是规模报酬递增模型需求的增长影响到了企业的区位选择，而国家产品差异化模型则认为在哪生产是外生的。国家产品差异化模型和短期报酬递增模型得出了相似的结论，即逆"母市场效应"。关税和非关税壁垒的降低相对来说损害了需求大国的产业，美国和加拿大的贸易显示出逆"母市场效应"。

以上检验均认为一国产量和其需求之间存在线性关系，但克罗泽和特里翁费蒂（Crozet & Trionfetti，2008）考察的大部分样本认为产量和需求间不存在线性关系，但从这种非线性关系的检验中也证实了"母市场效应"的存在。

第二节 探讨出口和市场大小的关系

芬斯特拉（Feenstra，2001）用引力方程考察了不同类型的产品的"母市场效应"的存在性。沿用劳赫（Rauch，1999）的产品分类方法[①]，芬斯特拉（2001）考察不同类型的产品相对于本国 GDP 的弹性和相对于外国 GDP 的弹性，对下式进行检验：

---

① 劳赫（Rauch，1999）将五位数 SITC 水平的产品数据加总到四位数 SITC 水平，以和 WTDB 的双边贸易数据匹配，将产品分为三类：有组织交易产品（organized exchange product）；参考价产品（reference price product）；差异化产品（differentiated product）。前两种产品统一称为同质化产品。劳赫采用了保守分类（conservation classification）和自由分类（liberal classifiction）两种分类法，芬斯特拉（Feenstra，2001）采用了自由分类法。

$$\ln(x_{ij}) = \beta_0 + \beta_1 \ln(Y_i) + \beta_2 \ln(Y_j) + \beta_3 \ln(D_{ij}) + \beta_4 \text{CONT}_{ij}$$
$$+ \beta_5 \text{LANG}_{ij} + \beta_6 \text{FTA}_{ij} + \beta_7 \text{REM}_{ij} + \varepsilon_{ij} \qquad (4.3)$$

其中，x_{ij} 为 i 国向 j 国的出口额。Y_i，Y_j 代表两国收入，以 GDP 表示，D_{ij} 代表两国距离，CONT_{ij} 即 contiguity，相当于劳赫（1999）的 adjacent，是衡量两国是否接壤的变量，LANG_{ij} 是指两国是否有共同语言，FTA_{ij} 表示两国是否签订了自由贸易协定，REM_{ij}（remoteness）是指对 i 国来说 j 国的偏僻程度，ε_{ij} 表示影响双边贸易的其他变量。LANG_{ij}，FTA_{ij}，CONT_{ij}，REM_{ij} 均为虚拟变量，按照具体情况取值 0 或者 1。"母市场效应"的存在意味着出口相对于本国收入的弹性要高于相对于外国收入的弹性，即有 $\beta_1 > \beta_2$。

对三类产品 110 个国家分 5 个年份（1970，1975，1980，1985，1990）分别进行了检验，其结果支持支持差异化产品自由进入的垄断竞争模型，此时有 $\beta_1 > \beta_2$ 和同质化产品存在进入障碍的互惠倾销（reciprocaldumping）模型，此时有 $\beta_1 < \beta_2$。即差异化产品呈现"母市场效应"而同质化产品呈现逆"母市场效应"。芬斯特拉（2001）认为规模报酬递增导致了差异化产品的"母市场效应"，引力方程对同质化产品同样适用，但同质化产品由于存在极高的进入障碍或者 NPD 情形，导致"母市场效应"逆转。

韦德（Weder，2003）建立了一个相对出口额和相对市场大小[①]线性关系的模型来考察英美贸易模式。韦德（2003）假定两国市场大小一样，即 L = L^*，从而考察产业支出份额 s 和 s^* 的大小，以决定相对市场大小，并认为相对市场大小和相对出口正相关。同时也考察了替代弹性 σ 与"母市场效应"强度的关系，并认为在母国相对于外国有比较母市场优势时，"母市场效应"的强度与 σ 负相关[②]。其检验的模型如下：

$$\frac{E_i}{E_i^*} = \beta_0 + \beta_1 \frac{M_i}{M_i^*} + \varepsilon_i \qquad (4.4)$$

其中，$E_i / {}^*E_i$ 表示母国和外国对第三国产业 i 产品的相对出口额，$M_i /$

---

① 绝对市场大小用 L 和 L^* 衡量，这里的相对市场大小则由产业支出份额 s（或 s^*）与劳动力 L（或 L^*）的乘积来衡量。

② σ 不仅是用来表示产品差异性的参数，而且也用来表示规模经济。σ 很小时，均衡产量会很小，这样有 AC > MC，此时 AC 递减意味着规模经济，σ 越小，固定成本 F 越高，则规模经济程度也越高，这也说明规模经济程度越高，"母市场效应"越强。

M_i^* 表示母国和外国在产业 i 上的相对市场大小。"母市场效应"意味着相对出口和相对市场大小的正相关关系，即 $\beta_1 > 0$。其检验结果支持相对市场越大，"母市场效应"越强的假设，同时也支持 σ 越小，即规模经济程度越高，"母市场效应"越强的假设。

汉森和向（Hanson & Xiang，2004）建立了一个多产业、单要素的垄断竞争贸易模型。该模型显示出，高的运输成本和低的产品替代弹性（产品差异化大）的产业倾向于集中在大国，而低的运输成本和高的产品替代弹性（产品差异化小）的产业倾向于集中在小国。这说明了即使在制造业内部，"母市场效应"也会随着行业特征的不同而呈现强度上的差异。方法：①选择两个面临共同贸易壁垒的国家。②选择两个产业，一个具有高的运输成本，低的产品替代性，一个具有低的运输成本，高的产品替代性。③检验这两个产业"母市场效应"的强度。结果发现大国出口高的运输成本，差异化程度高的产品，而小国出口低的运输成本，差异化程度低的产品。这样一个二次差分（difference in difference）引力模型如下：

$$\ln\left(\frac{S_{mjk}/S_{mhk}}{S_{ojk}/S_{ohk}}\right) = \alpha + \beta f(Y_j/Y_h)$$
$$+ \Phi(x_j - x_h) + \theta \ln(d_{jk}/d_{hk}) + \varepsilon_{mojkh} \qquad (4.5)$$

（4.5）式中 m 和 o 分别代表两个产业，前者为运输成本高，替代弹性低；后者为运输成本低，替代弹性高。S_{mjk}，S_{ojk} 表示 j 国对 k 国产业 m 和产业 o 的出口额，S_{mhk}，S_{ohk} 表示 h 国对 k 国产业 m，产业 o 的出口额。Y_j/Y_h 表示 j 国和 h 国的相对市场大小。向量 x_j，x_h 代表两国的生产成本，$\Phi(x_j - x_h)$ 是对比较优势进行的控制，ε_{mokjh} 是误差项。$\beta > 0$ 意味着"母市场效应"的存在。与新贸易理论一致，其结论也显示出不完全竞争和规模报酬递增对贸易模式的影响，国家市场的大小对产业专业化非常重要。结论对回答哪些产业会集中在哪些国家这样的问题提出了洞见[①]。

---

① 这对克鲁格曼（1991）的工作是个重要的补充。克鲁格曼（1991）不是为了回答为什么某个产业会集中于某个地区这样的问题，而是为了回答为什么制造业都集中于一个或一些地区，而让别的地区处于生产的外围。

第三节　本章小结

本章探讨了通过对"母市场效应"理论的不同理解从而引申出来的对其实证检验上的两条不同的路径。两条不同的路径均可以从产品层面上对"母市场效应"的存在性进行检验。但是它们对于数据会提出不同的要求。如果探讨需求和产量的关系，遵照戴维斯和维恩斯坦的方法，则需要使用产业产量数据、消费数据、研发数据、就业数据、对于技术的衡量数据等；如果遵照赫德和莱斯的方法，则需要使用产业附加值数据、消费数据、关税数据、资源投入数据等。如果探讨出口和市场大小关系，使用引力方程一般需要用到国家 GDP 或者行业产值（包括总产值和附加值）数据、双边贸易数据、距离数据、对国内需求的衡量数据、对于语言、接壤、自由贸易协定等虚拟变量的考察并赋值等。采用何种检验路径取决于已掌握的研究条件和研究的目的（如研究国内区域层次上贸易的"母市场效应"还是研究对外贸易中的"母市场效应"；是研究制造业总体的"母市场效应"还是制造业分部门的检验；是研究发达国家之间的贸易还是研究其他类型国家的双边贸易等）。

本章的工作为我们接下来探讨中国制造业对外贸易模式提供了方向。中国制造业对外贸易模式是由"母市场效应"决定的还是由比较优势决定的？或者兼而有之？中国制造业各子部门是否呈现"母市场效应"其强度如何？中国制造业各部门内需如何，其内需对出口有无促进？本书接下来会逐个回答这样一些问题，而这些问题的回答所采用的方法来自于本章所介绍的检验路径。

"母市场效应"理论
及其应用研究

Chapter 5

第五章　中国制造业对外贸易模式："母市场
效应" VS比较优势效应

　　传统的 H－O 理论认为，在给定的技术和偏好下，两国的商品贸易模式由相对要素禀赋来决定，资本富余的国家出口资本密集型产品，进口劳动密集型产品（如 Deardorf，1982）。而新经济地理学理论则认为，在存在垄断竞争，规模报酬递增和运输成本的情况下，即使两国具有完全相同的相对要素禀赋，但由于市场大小的不同，会使大国成为差异化产品（规模报酬递增部门产品）的净出口国，这种现象被称为"母市场效应"（Krugman，1980）。这样贸易理论中则存在两类比较优势，前者是以 H－O 理论为基础的要素禀赋比较优势，后者则是以"母市场效应"理论为基础的市场规模比较优势。

　　人们将 H－O 理论应用到中国来研究国际贸易、国内贸易问题，并延伸到中国的产业、科技发展等问题。其中有一种观点，认为中国真正具有比较优势的是劳动力资源，中国有取之不尽、用之不竭的廉价劳动力，由此延伸出中国在全球经济分工中最有优势的是发展劳动密集型产业。但如果中国只有廉价劳动力这个比较优势，那么中国就不可能保持长期高速的经济增长。发展中国家不可过分依赖于要素比较优势，一是这一优势并非永久的优势，二是如果单纯依赖这一优势，那么就很有可能陷入"贫困化增长"的陷阱。但是，现实情况是自 2000 年以来，中国商品出口已经连续多年快速增长。中国从 2000～2008 年年平均出口增长 20.5%，其中 2007 年增长 19.5%，2008 年增长 8.5%；2008 年中国总商品出口为 14283 亿美元，居世界第二。显然，H－O 理论不足以解释中国的贸易增长。"母市场效应"理论的发展，为我们解释中国的持续的高速贸易增长提供了一个方向。"母市场效应"是指在规模报酬递增和垄断竞争（IRS－MC），存在贸易成本的情况下，需求大国将成为差异化产品的净出口国。这意味着即使两国间没有要素禀赋的差异，由于经济规模的不同也会出现贸易，而且大国会净出口规模报酬递增部门的产品。反观中国的出口构成情况，中国这样一个出口大国出口的主要产品是制造业产品。2007 年和 2008 年中国制造业出口总额分别为 11348 亿美元和 13296 亿美元，占到中国商品出口总额约 93%，占世界商品出口总额约 12%，由此可见制造业在中国对外贸易中的重要地位。同时制造业也比较符合克鲁格曼（1980）关于"母市场效应"存在性的一些假定，如规模收益递增，垄断竞争，差异化产品等。这样我们可以似乎提出这样的假说：中国的出口增长既有要素比较优势的动因，又存在制造业部门对外贸易"母市场效应"这一动因。

将要素比较优势和市场规模优势同时考虑在内的经验研究文献非常少见。通常对要素比例理论的检验往往没有考虑到两国市场大小的差异，另外对"母市场效应"的检验往往假定不存在要素禀赋的差异，单纯考虑市场规模对贸易模式的决定作用。在现实中，要素禀赋的差异和市场大小的差异往往是并存的，在要素禀赋比较优势和市场规模优势并存的世界里，这两类比较优势如何影响到贸易模式，其强度如何？本章的经验研究将给出这一问题的答案。本章采用麦卡勒姆（Maccallum，1995）的方法，做了 2001~2008 年中国对 108 国出口面板数据的随机效应回归分析。结果显示，市场规模和出口存在显著正相关关系，市场规模的扩大会导致出口以更大比例增长。同时提出一个融合"母市场效应"和比较优势效应的检验模型，做了中国与其他31 个国家 2004~2008 年制造业对欧盟出口面板数据的回归分析。检验结果显示，中国制造业对外贸易存在显著的"母市场效应"，但是比较优势效应对出口的促进作用要强于"母市场效应"。在假定要素禀赋比较优势不存在的情况下，"母市场效应"会更加强烈。

第一节　绝对市场大小对出口的影响

众多新贸易理论文献均认为，市场大小对贸易模式具有决定作用，同时"母市场效应"理论认为一国的市场大小对其出口存在促进作用，它们是正相关关系，而且众多的引力文献也验证了这种正相关关系的存在。而根据韦德（Weder，2003），市场大小分两种，一种是绝对市场大小，反映了整个经济的规模，以一国总劳动力 L 表示；另一种是相对市场大小，其反映了特定行业的规模，整个经济规模大，并不代表行业规模也大，这取决于消费者的偏好，即消费者在该行业上的支出份额 s，这样，相对市场大小则以 sL 来表示。本节的研究将不会具体到制造业各部门，同时假定各国在制造业上具有相同的支出份额，我们考察中国的绝对市场大小和出口的关系。本节将利用麦卡勒姆（Maccallum，1995）的方法来考察绝对市场大小对出口的影响。

一、检验方程

根据麦卡勒姆（1995）的方法，检验方程如下：

$$\ln(x_{cf}) = \beta_0 + \beta_1 \ln(Y_c) + \beta_2 \ln(Y_f) + \beta_3 \ln(D_{cf}) + \xi_{cf} \qquad (5.1)$$

其中 x_{cf} 表示中国对外国商品出口额。表 5.1 总结了各解释变量的含义、预期符号及理论说明。

表 5.1   各解释变量的含义、预期符号及理论说明

解释变量	含　义	预期符号	理论说明
$\ln Y_c$	中国国内生产总值，取自然对数	+	中国的经济规模，反映了出口国潜在的需求能力，与贸易流量正相关
$\ln Y_f$	进口国国内生产总值，取自然对数	+	进口国的经济规模，反映了进口国潜在的需求能力，与贸易流量正相关
$\ln D_{cf}$	中国上海与进口国经济中心之间的距离，取自然对数	−	衡量两国之间的运输成本，被认为是两国间贸易的"阻抗因子"，与贸易流量负相关

二、面板数据说明

本部分使用了中国对 108 个国家或地区在 2001 ~ 2008 年的出口数据，数据来源于《中国统计年鉴 2002—2009》，并使用了这些国家在 2001 ~ 2008 年的 GDP 数据，数据来源于世界银行数据库。距离采用中国上海与这些国家经济中心之间的地球表面距离，数据来源于 www. geobytes. com 中的距离查询工具。

三、计量结果及分析

一般情况而言，检验中还应包含一些促进或者阻碍贸易的一些虚拟变量，如两国的文化纽带，两国的地理邻近程度及是否签订有自由贸易协定等。由于我们考察的关键在于出口对于市场大小的弹性，也即系数 β_1 和 β_2 的符号，

而且在估计中可能会遗漏掉一些与解释变量相关的因素，如人均收入等，所以在估计中我们采用随机效应模型。估计结果见表5.2。

表5.2　　　　　　　　　　随机效应的回归结果

常数项	$\ln Y_c$	$\ln Y_f$	$\ln D_{cf}$	R^2	观测值
-28.2773 *** (1.5570)	1.3550 *** (0.0401)	0.6621 *** (0.0342)	-0.6568 *** (0.1487)	0.7745	865

注：回归系数下括号内为标准差，*** 表示1%的显著性水平。

由表5.2可以看出，$\ln Y_c$ 和 $\ln Y_f$ 的系数显著为正，即 β_1、$\beta_2 > 0$。这意味着出口相对于收入的弹性为正，说明市场规模的扩大对出口具有明显的促进作用，也体现了母市场的绝对规模优势。其中 $\beta_1 > 1$，这意味着本国市场规模的扩大会导致出口以更快的速度增长，这和WTO的研究报告是一致的。WTO研究报告得出的结论是：从 1960～2008 年世界出口和世界 GDP 的数据来看，世界商品出口和世界 GDP 呈正相关关系，而且出口的增长超过了 GDP 的增长，总商品出口的平均收入弹性为 1.7。同时 $\beta_1 > \beta_2$，这意味出口相对于本国收入的弹性要大于出口相对于外国收入的弹性，根据芬斯特拉（Feenstra，2001）的模型，出口相对于本国收入的弹性高于外国，这意味着"母市场效应"的出现，当然芬斯特拉（2001）的模型考察的是同质化产品和差异化产品的"母市场效应"，而本文对市场绝对优势的处理考察的是整个商品，并未具体到某类产品或者行业。但是如前文所述，制造业占据了中国商品出口的93%，而且制造业又符合"母市场效应"出现的诸多假定，似乎由此可以断言，中国制造业对外贸易会呈现显著的"母市场效应"。针对此断言的检验将留在本章第二节进行探讨。$\ln D_{cf}$ 的系数显著为负，即 $\beta_3 < 0$，这说明两国之间的距离和出口呈现负相关关系，这符合引力方程提出的最初依据，也符合本部分对系数符号的预期。

第二节　"母市场效应" VS 比较优势效应

本章将在这一部分探讨在市场规模的相对优势和传统要素比较优势共存

的情况下，贸易模式如何决定的问题。同时将对上文关于中国制造业对外贸易呈现显著的"母市场效应"的断言进行检验。本部分使用舒马赫（Schumacher，2003）的方法，提出一个融合相对市场大小和相对要素禀赋的检验模型，利用中国与 31 国 2004～2008 年制造业对欧盟出口的面板数据进行回归分析。

一、检验方程

要检验"母市场效应"的存在性，引力方程是一个好的工具。"母市场效应"意味着两国在产业 i 上的相对出口额和相对市场大小存在正相关关系。即

$$d\,\frac{x_{hfi}}{x_{fhi}}\Big/d\,\frac{Y_h}{Y_f} > 0, \tag{5.2}$$

又根据伯格斯特兰（Bergstrand，1989）的引力方程，两国在产业 i 上的出口额分别为

$$\ln x_{hfi} = \beta_0 + \beta_1 \ln Y_h + \beta_2 \ln y_h + \beta_3 \ln Y_f + \beta_4 \ln y_f + \beta_5 \ln D_{hf} + \sum_{k=6}^{K} \beta_k Z_{khf}$$

$$\ln x_{fhi} = \beta_0 + \beta_1 \ln Y_f + \beta_2 \ln y_f + \beta_3 \ln Y_h + \beta_4 \ln y_h + \beta_5 \ln D_{fh} + \sum_{k=6}^{K} \beta_k Z_{kfh}$$

$$\tag{5.3}$$

其中，y_h，y_f 分别表示母国和外国人均 GDP，D_{hf} 表示两国间的距离，Z_{khf} 代表影响双边贸易的一些虚拟变量，如贸易政策，贸易协定，共同语言和国家间历史纽带等。根据（5.3）式有

$$\ln \frac{x_{hfi}}{x_{fhi}} = (\beta_1 - \beta_3) \ln \frac{Y_h}{Y_f} + (\beta_2 - \beta_4) \ln \frac{y_h}{y_f} \tag{5.4}$$

结合式（5.2），必有 $\beta_1 > \beta_3$。

考虑到双边贸易会存在不对称的贸易障碍，检验模型选取了相对于母国和外国来说具有相同贸易障碍的第三国（以 k 表示），由于我们关心的是相对出口额和相对市场大小之间是否存在正相关关系，同时在两国具有相同技

术和偏好前提下，检验模型设定为

$$\ln \frac{x_{hki}}{x_{fki}} = \beta_0 + \beta_1 \ln \frac{Y_h}{Y_f} + \beta_2 \ln \frac{y_h}{y_f} + \beta_3 \ln \frac{D_{hk}}{D_{fk}} + \xi_{hf} \qquad (5.5)$$

其中 x_{hki}/x_{fki} 表示母国和外国对第三国 k 在产业 i 上的相对出口额，D_{hk}/D_{fk} 表示母国和外国与第三国 k 的相对距离。只要 $\beta_1 > 0$，则说明"母市场效应"的存在。需要说明的是，式（5.5）包含着两类比较优势。根据"母市场效应"理论，由于大的市场对出口的促进作用，所以大的市场本身就成为一种比较优势，以 Y_h/Y_f 表示。同时根据芬斯特拉（2001）、梅尔基奥（Melchior，1998）、舒马赫（2003）的模型，人均 GDP 不仅能够反映人口规模，而且能够反映需求结构和要素禀赋，于是 y_h/y_f 则成为衡量传统要素禀赋比较优势的指标。在两国市场大小相同的情况下，贸易模式由传统要素比较优势决定；在不存在传统要素比较优势情况下，贸易模式则由市场大小来决定。一般情况下，贸易额与收入正相关，与距离负相关，于是可以预见 β_1、$\beta_2 > 0$ 同时 $\beta_3 < 0$。

二、面板数据说明

本部分使用了 32[①] 个国家和地区在 2004～2008 年对欧盟制造业的出口数据，数据来源于世界贸易组织数据库，并使用了这些国家在 2004～2008 年的 GDP 和人均 GDP 数据，数据来源于世界银行数据库。距离采用这些国家经济中心和欧盟地理中心之间的地球表面距离，数据来源于 www. geobytes. com 中的距离查询工具。

三、面板数据的计量方法

本部分对数据的处理主要采用混合 OLS（pooled OLS）模型、固定效应

---

① 2004～2008 年对欧盟制造业出口的前 32 强。它们是：中国、美国、瑞士、日本、土耳其、韩国、印度、俄罗斯、新加坡、马来西亚、泰国、挪威、加拿大、中国香港、南非、巴西、墨西哥、以色列、乌克兰、印度尼西亚、突尼斯、越南、洪都拉斯、摩洛哥、菲律宾、克罗地亚、巴基斯坦、埃及、沙特、澳大利亚、哥斯达黎加、斯里兰卡。

（Fixed Effects，FE）模型和随机效应（Random Effects，RE）模型。利用 F
检验识别使用 OLS 模型还是 FE 模型，再利用 LM 检验（lagrangian multiplier
test）识别使用 OLS 模型还是 RE 模型，最后用 Hausman 检验识别使用 RE 模
型还是 FE 模型。

四、计量结果及分析

回归结果见表5.3。

表5.3 中国与其他 31 个国家和地区制造业面板数据回归结果

因变量$\left(\ln \dfrac{x_{hki}}{x_{fki}}\right)$	混合 OLS 回归	FE 回归	RE 回归
常数项	2.1196 *** (0.1542)	2.7807 *** (0.8214)	2.1204 *** (0.3458)
$\ln \dfrac{Y_h}{Y_f}$	0.4615 *** (0.0455)	0.4135 * (0.2291)	0.5399 *** (0.0963)
$\ln \dfrac{y_h}{y_f}$	0.1195 ** (0.0506)	0.7012 *** (0.2509)	0.3074 *** (0.1063)
$\ln \dfrac{D_{hk}}{D_{fk}}$	− 0.1867 *** (0.0659)		− 0.1514 (0.1571)
R^2	0.5714	0.4711	0.5581
观测值 n	155	155	155
F 检验		固定效应显著，优于 混合 OLS 回归	
LM 检验			随机效应显著，优于 混合 OLS 回归
Hausman 检验		拒绝原假设，使用 固定效应模型	

注：回归系数下括号内为标准差，* 、** 、*** 分别表示10%，5%，1%的显著性水平。

通过 F 检验，LM 检验和 Hausman 检验，最终选定固定效应模型的回归
结果。从表5.3可以看到，$\ln Y_h/Y_f$的系数显著为正，$\beta_1 > 0$，这意味着相对
GDP 和相对出口存在正相关关系，说明中国制造业对外贸易中存在着显著的
"母市场效应"，印证了前文的断言。同时 $\ln y_h/y_f$ 的系数也显著为正，$\beta_2 > 0$，

并且大于 β_1，这意味着相对人均 GDP 和相对出口之间存在正相关关系，这与安德森（Anderson，1979）和阿米蒂（Amiti，1998）的结论是一致的。[①] 同时结果也符合对系数符号的预期，而且 $\beta_2 > \beta_1$ 说明了在"母市场效应"和要素比较优势共存的世界里，比较优势对出口的促进作用更加强烈。$\ln D_{hk}/D_{fk}$ 的系数在固定效应回归中缺失，因为距离这一变量作为不随时间变化而改变的特征在固定效应模型中，已体现在个体不同的截距中，如果在回归中包含进去，则存在距离变量和常数项之间的完全相关性。而且在随机效应模型中 β_3 虽然为负，但并不显著。根据一般引力方程的回归结果，距离和出口之间是负相关的，本部分的相对距离和相对出口关系的模型显示出，这种负相关关系并不显著。

模型中如果不考虑 GDP 或者人均 GDP 的影响会是怎样？从模型中来看，在要素比较优势不存在的情况下，贸易模式主要由相对市场大小来决定，"母市场效应"应更加强烈；同时在具有相同的市场大小时，贸易模式由要素比较优势决定，比较优势效应也应更加强烈。从表 5.4 可以看出，在 $y_h = y_f$ 时 $\ln Y_h/Y_f$ 的系数比表 5.3 大多了，这意味着不存在比较优势效应时，"母市场效应"更加强烈；同时在 $Y_h = Y_f$ 时 $\ln y_h/y_f$ 的系数也比表 5.3 大，这意味着不存在"母市场效应"时，比较优势效应更加强烈，与理论预期一致。

表 5.4　　　　　　　　　不同假定下的固定效应回归结果

因变量（$\ln \frac{m_{hki}}{m_{fki}}$）	$y_h = y_f$ 时的固定效应回归	$Y_h = Y_f$ 时的固定效应回归
$\ln \frac{Y_h}{Y_f}$	0.9978 *** (0.0962)	
$\ln \frac{y_h}{y_f}$		0.8240 *** (0.0843)
R^2	0.5174	0.2765
观测值 n	155	155

注：回归系数下括号内为标准差，*** 表示 1% 的显著性水平。

[①] 安德森（Anderson，1979）认为一国出口和人均 GDP 存在正相关关系，同时阿米蒂（Amiti，1998）两要素模型的结论是大国出口更多资本密集型产品，而小国进口劳动密集型产品。

第三节　本章小结

本章着重探讨市场规模优势和比较优势对中国对外贸易模式的共同决定作用。采用麦卡勒姆（Maccallum，1995）的方法，做了中国对 108 国 2001～2008 年出口面板数据的随机效应回归分析。结果显示，绝对市场规模和出口存在显著正相关关系，市场规模的扩大会导致出口以更大比例增长。同时本章提出一个融合"母市场效应"和比较优势效应的检验模型，做了中国与其他 31 个国家 2004～2008 年制造业对欧盟出口面板数据的回归。检验结果显示，中国制造业对外贸易存在显著的"母市场效应"，但是比较优势效应对出口的促进作用要强于"母市场效应"。在假定要素禀赋比较优势不存在的情况下，"母市场效应"会更加强烈。

张帆和潘佐红（2006）对中国国内省间贸易做了"母市场（这里只能指地区或省为单位的市场）效应"的经验研究，并未涉及中国对外贸易中"母市场效应"的检验。本章证明了中国制造业对外贸易存在着显著的"母市场效应"。但是制造业包含着多个部门，制造业内部各行业是否存在"母市场效应"，其强度如何？这是本章没有回答的问题。从理论上讲，"母市场效应"会随着行业特征的不同而呈现强度上的差异，这些特征如行业规模经济程度、运输成本、产品差异化程度、国家间贸易障碍等都会对"母市场效应"的存在性及其强度产生影响。而且，单纯做制造业总体的检验，虽然有助于我们了解在要素比较优势和市场规模优势并存的世界里，中国制造业对外贸易模式由这两种优势共同来决定，但这毕竟显得有些笼统和模糊，也不利于提出更为细化的产业政策。所以我们接下来的工作是回答制造业各部门"母市场效应"的存在性及其强度问题。

第六章 "母市场效应"：基于产品层面的经验研究

上一章探讨了市场规模优势和比较优势对中国对外贸易模式的共同决定作用，并且证明了中国制造业对外贸易确实存在显著的"母市场效应"。但正如上章小结所言，单纯做制造业总体的检验显得过于模糊和笼统，也不利于提出更为细化的产业政策。毕竟制造业各子部门是否存在"母市场效应"及其强度如何是我们没有回答的问题。本章通过模型的建构从理论上证明了"母市场效应"的存在性。采用伯格斯特兰（Bergstrand，1989）的引力模型，考察了中国制造业中出口额较大，出口国较多的 HS 码一共 28 章产品。通过对各章产品面板数据的回归分析发现，除了陶瓷品外，考察的其余 27 章产品均存在显著的"母市场效应"。其中钢铁、无机化学、车辆等产品呈现较强的"母市场效应"，而纺织品、精密仪器等产品则呈现较弱的母市场效应。考察的制造业产品中除了陶瓷外全为劳动密集型产品，而且绝大部分产品对伙伴国来说为奢侈品。距离、是否接壤、是否有共同语言历史纽带等变量对中国制造业产品的出口影响并不太显著，对各章产品影响方向也并不一致。自由贸易协定对中国制造业产品出口存在显著的促进作用。

本章提出一个两国，两个 IRS – MC 部门，单一要素的模型，在一般均衡框架下，通过对模型的求解，从而阐明市场大小对贸易模式的决定作用。同时采用引力模型对中国制造业内部相关产品做"母市场效应"的检验，目的在于弄清楚中国制造业中究竟哪些产品存在或者不存在"母市场效应"，并结合相关经验研究文献对检验结果进行分析。

第一节 模 型

假定有两个国家，母国 h 和外国 f（用 * 表示），母国人口为 L，外国为 L^*，母国工资率为 w，外国为 w^*。这两个国家仅在市场大小上存在差异，两国具有相同的技术，消费者具有相同的位似偏好。两个国家均有两个生产差异化产品的产业，两个产业都是张伯伦垄断竞争的，厂商采取单一要素劳动 l 进行生产，劳动力只能在国内自由流动。冰山形式运输成本 $1 < \tau < \infty$。两国代表性消费者效用函数为 C – D 函数，分别为

$$U = \prod_{i=1}^{2} c_i^{s_i} \qquad \sum_{i=1}^{2} s_i = 1$$

$$U^* = \prod_{i=1}^{2} c_i^{*\,s_i} \tag{6.1}$$

其中，c_i 和 c_i^* 分别代表母国和外国对产业 i（i = 1，2）产品的总消费量，s_i 代表母国和外国在产业 i 上的支出份额。同时，在同一产业内部，消费者的偏好为 CES 形式：

$$C_i = \Big[\sum_{j=1}^{n_i} c_{ij}^{(\sigma-1/\sigma)} + \sum_{j=1}^{n_i*} (m_{ij}/\tau)^{(\sigma-1/\sigma)} \Big]^{\frac{\sigma}{\sigma-1}}$$

$$C_i^* = \Big[\sum_{j=1}^{n_i} (m_{ij*}/\tau)^{(\sigma-1/\sigma)} + \sum_{j=1}^{n_i*} c_{ij*}^{(\sigma-1/\sigma)} \Big]^{\frac{\sigma}{\sigma-1}} \tag{6.2}$$

其中，n_i 和 n_i^* 分别为母国和外国产业 i 的产品数，c_{ij} 和 c_{ij}^* 分别表示母国和外国产业 i 产品 j 的消费量，m_{ij} 和 m_{ij}^* 分别表示母国产业 i 产品 j 的进口量和出口量，这样母国产业 i 的出口量为 $n_i m_{ij}^*$，进口量为 $n_i^* m_{ij}$，σ 为差异化产品间的替代弹性。这样两国产业 i 的价格指数分别为

$$P_i = \Big[\sum_{j=1}^{n_i} p_{ij}^{1-\sigma} + \sum_{j=1}^{n_i} (p_{ij}^* \tau)^{1-\sigma} \Big]^{\frac{1}{1-\sigma}}$$

$$P_i^* = \Big[\sum_{j=1}^{n_i} (p_{ij}\tau)^{1-\sigma} + \sum_{j=1}^{n_i*} (p_{ij}^*)^{1-\sigma} \Big]^{\frac{1}{1-\sigma}} \tag{6.3}$$

其中，p_{ij} 和 p_{ij}^* 分别表示母国和外国产业 i 产品 j 的价格。假定生产呈现规模经济，厂商成本函数为

$$l_{ij} = \alpha + \beta x_{ij} \qquad (\alpha, \beta > 0)$$

$$l_{ij}^* = \alpha + \beta x_{ij}^* \tag{6.4}$$

其中，l_{ij} 表示母国生产 x 单位产业 i 的第 j 种产品所需要投入的劳动，同理 l_{ij}^* 表示外国生产 x^* 单位产业 i 的第 j 种产品所需要投入的劳动。

现在考察这一模型的均衡。首先考察代表性消费者行为。消费者会进行一个两阶段的预算，在第一阶段消费者在预算约束 $Y_h = wL$ 和 $Y_f = w^* L^*$ 下最大化式（6.1），消费者在每个产业上分配其支出，于是有

$$p_i \, c_i = Y_h \, s_i$$
$$p_i^* \, c_i^* = Y_f \, s_i \tag{6.5}$$

在第二阶段，消费者在约束（6.5）下最大化式（6.2），据此导出需求函数：

$$c_{ij} = p_{ij}^{-\sigma} p_i^{\sigma-1} Y_h \, s_i$$
$$m_{ij} = (\tau p_{ij}^*)^{-\sigma} p_i^{\sigma-1} Y_h s_i$$
$$c_{ij}^* = p_{ij}^{*-\sigma} p_i^{*\sigma-1} Y_f \, s_i \tag{6.6}$$
$$m_{ij}^* = (\tau p_{ij})^{-\sigma} p_i^{*\sigma-1} Y_f \, s_i$$

在均衡时，厂商价格是边际成本上一个固定的上升额，同时在自由进入使厂商利润为零的条件下，厂商的均衡产量是固定的且独立于价格和厂商数目，每个厂商的产量均一样，故可省去品种下标 j。

$$p_{ij} = w\beta \frac{\sigma}{\sigma-1}$$
$$p_{ij}^* = w^* \beta \frac{\sigma}{\sigma-1} \tag{6.7}$$
$$x_{ij} = x_{ij}^* = \frac{\alpha(\sigma-1)}{\beta} = x_i$$

在劳动力市场出清时有

$$\sum_{i=1}^{2} n_i(\alpha + \beta x_i) = L$$
$$\sum_{i=1}^{2} n_i^*(\alpha + \beta x_i) = L^* \tag{6.8}$$

结合式（6.7）和式（6.8）有

$$\sum_{i=1}^{2} n_i = \frac{L}{\alpha\sigma}$$
$$\sum_{i=1}^{2} n_i^* = \frac{L^*}{\alpha\sigma} \tag{6.9}$$

在产品市场出清时有

$$x_{ij} = c_{ij} + m_{ij}^*$$

$$x_{ij}^* = c_{ij}^* + m_{ij} \tag{6.10}$$

方程（6.5）~（6.10）决定了模型中的众多内生变量：母国和外国在各产业上的产品价格，均衡产量，厂商数目，和相对工资率。在两国具有相同的禀赋的前提下，同时有 $1 \leqslant \tau < \infty$，我们单纯分析市场大小对贸易模式的影响。两个产业均存在产业内贸易，但贸易模式主要由市场大小来决定。令母国和外国在产业 1 和 2 上的相对产量分别为 $n_1 x_1 / n_2 x_2$，$n_1^* x_1^* / n_2^* x_2^*$，因为均衡产量是固定的，独立于价格，厂商数目和运输成本，相对产量转化为相对厂商数目 n_1/n_2 和 n_1^*/n_2^*。当 $n_1/n_2 > n_1^*/n_2^*$ 时，有 $n_1 m_{1i} - n_1^* m_{1j} > 0$，同时 $n_2 m_{2j}^* - n_2^* m_{2j} < 0$，这意味着母国相对于外国在产业 1 上有更大市场时，母国成为产业 1 产品的净出口国，而外国成为产业 2 产品的净出口国。这说明只要母国相对于外国在某个产业有更大的市场，那么母国会成为该产业产品的净出口国，这就是"母市场效应"。

要检验"母市场效应"的存在性，引力方程是一个好的工具。在假定两国消费者具有相同位似偏好情况下，此时两国在产业 i 上的支出份额相同，"母市场效应"意味着两国在产业 i 上的相对出口和相对市场大小存在正相关关系。即

$$d\frac{m_{hfi}}{m_{fhi}}/d\frac{Y_h}{Y_f} > 0, \tag{6.11}$$

又根据芬斯特拉（2001）引力方程，两国在产业 i 上的出口额分别为

$$lnm_{hfi} = \beta_0 + \beta_1 lnY_h + \beta_2 lnY_f + \beta_3 lnD_{hf} + \sum_{k=4}^{K} \beta_k Z_{khf}$$
$$lnm_{fhi} = \beta_0 + \beta_1 lnY_f + \beta_2 lnY_h + \beta_3 lnD_{fh} + \sum_{k=4}^{K} \beta_k Z_{kfh} \tag{6.12}$$

其中，Z_{khf} 代表影响双边贸易的一些虚拟变量，如贸易政策，贸易协定，共同语言和国家间历史纽带等。结合式（6.11）、式（6.12），必有 $\beta_1 > \beta_2$。

第二节 基于产品层面的经验研究

一、检验方程

本节采用伯格斯特兰（1989）引力方程[①]来检验中国制造业内部相关产品"母市场效应"的存在性。检验方程如下：

$$\ln(m_{cfi}) = \beta_0 + \beta_1\ln(Y_c) + \beta_2\ln(y_c) + \beta_3\ln(Y_f) + \beta_4\ln(y_f) + \beta_5\ln(D_{cf})$$
$$+ \beta_6 CONT_{cf} + \beta_7 LANG_{cf} + \beta_8 FTA_{cf} + \xi_{cf} \tag{6.13}$$

其中，m_{cfi} 表示中国对外国在产业 i 上的出口额，Y_c，Y_f 表示中国和外国的 GDP，y_c，y_f 表示中国和外国的人均 GDP，D_{cf} 表示两国经济中心之间的距离，$CONT_{cf}$ 表示两国是否接壤，$LANG_{cf}$ 表示两国是否有共同语言，FTA_{cf} 表示两国是否签订了自由贸易协定。如果 $\beta_1 > \beta_3$ 则说明"母市场效应"的存在。同时根据伯格斯特兰（1989），$\beta_2 > 0$ 说明出口品是资本密集型的，$\beta_2 < 0$ 则说明出口品是劳动密集型的；同时 $\beta_4 > 0$ 则说明中国出口的产品相对于进口国来说是奢侈品，$\beta_4 < 0$ 则说明出口的产品为必需品。表 6.1 总结了各解释变量的含义、预期符号及理论说明。

表 6.1　　　　各解释变量的含义、预期符号及理论说明

解释变量	含　义	预期符号	理论说明
$\ln Y_c$	中国国内生产总值，取自然对数	+	中国的经济规模，反映了出口国潜在的需求能力，与贸易流量正相关
$\ln y_c$	中国人均国内生产总值，取自然对数	+，－	为正则出口品为资本密集型，为负则为劳动密集型

[①] 伯格斯特兰（Bergstrand，1989）的引力方程包含了人均 GDP 一项，出口相对于这一项的弹性符号决定了产品的性质。本节在检验中加入人均 GDP 这一项，首先是为了检验中国出口的产品的一些相关属性，如究竟是劳动密集型还是资本密集型，是奢侈品还是必需品等。其次，根据梅尔基奥（Melchior，1998）、芬斯特拉（Feenstra，2001）、舒马赫（Schumacher，2003）的模型，人均 GDP 不仅能够反映人口规模，而且能够反映需求结构和要素禀赋，加入这一项也是为了将要素禀赋考虑在内，使估计更准确。

续表

解释变量	含　义	预期符号	理论说明
$\ln Y_f$	进口国国内生产总值，取自然对数	+	进口国的经济规模，反映了进口国潜在的需求能力，与贸易流量正相关
$\ln y_f$	进口国人均国内生产总值，取自然对数	+，−	为正则出口品为奢侈品，为负则为必需品
$\ln D_{cf}$	中国上海与进口国经济中心之间的距离，取自然对数	−	衡量两国之间的运输成本，被认为是两国间贸易的"阻抗因子"，与贸易流量负相关
$CONT_{cf}$	两国是否接壤，是取值为1，否为0	+	地理邻近程度越强，贸易流量越大。变量与贸易流量正相关
FTA_{cf}	是否签有自由贸易协定，是取值为1，否为0	+	自由贸易协定促进贸易流量。变量与贸易流量正相关
$LANG_{cf}$	是否有共同的语言，是取值为1，否为0	+	文化、语言相通促进贸易流量。变量与贸易流量正相关

二、数据说明

本节考察的产品是 HS 码两位数的章，HS 码产品一共 97 章，其中中国有出口的产品有 82 章。在这些产品中，本研究选取了 2005～2009 年中国出口额较大，出口国家较多的制造业产品一共 28 章①。这样，每一章产品都会形成一个面板数据，当然由于各章产品的特性差异，各章产品出口国数目会不一致，同时由于某些章在某些年份的数据缺失，从而样本观测值也会不一样。中国对样本国各章出口数据来源于中华人民共和国商务部网站，GDP 和人均 GDP 数据来源于世界银行数据库，距离数据来源于 www.geobytes.com 中

① 这些章是：27 矿物燃料、矿物油及其产品；沥青等、28 无机化学品；贵金属等的化合物、29 有机化学品、39 塑料及其制品、40 橡胶及其制品、42 皮革制品；旅行箱包；动物肠线制品、44 木及木制品；木炭、48 纸及纸板；纸浆、纸或纸板制品、61 针织或钩编的服装及衣着附件、62 非针织或非钩编及衣着附件、63 其他纺织制品；成套物品；旧纺织品、64 鞋靴、护腿和类似品及其零件、68 矿物材料的制品、69 陶瓷产品、70 玻璃及其制品、71 珠宝、贵金属及制品；仿首饰；硬币、72 钢铁、73 钢铁制品、82 贱金属器具、利口器、餐具及零件、83 贱金属杂项制品、84 核反应堆、锅炉、机械器具及零件、85 电机、电气、音像设备及其零附件、87 车辆及其零附件，但铁道车辆除外、90 光学、照相、医疗等设备及零附件、91 钟表及其零件、94 家具；寝具等；灯具；活动房、95 玩具、游戏或运动用品及其零附件、96 杂项制品。

的距离查询工具。

三、面板数据的计量方法

由于模型中距离和几个虚拟变量具有不随时间变化而变化的特征，在固定效应回归中系数难以估计，同时由于引力模型本身在解释贸易流量上的合理性（Anderson，1979；Bergstrand，1985，1989；Evenett & Keller，2002），本部分对数据的处理采用混合 OLS（pooled OLS）模型。为了克服面板数据的异方差性和序列相关性等造成的误差，同时由于本文的数据截面维度远大于时间维度，本研究采用面板修正标准差（panel corrected standard error，PCSE）方法对系数进行估计。

四、计量结果

回归结果见表6.2。

表6.2　　　　　　　　　　基于（6.13）式的回归结果

产品（HS码章）	27 矿物燃料、矿物油及其产品；沥青等	28 无机化学品；贵金属等的化合物	29 有机化学品	39 塑料及其制品	40 橡胶及其制品	42 皮革制品；旅行箱包；动物肠线制品
$\ln Y_c$	4.33 *** (0.87)	5.47 *** (0.64)	2.71 *** (0.65)	3.17 *** (1.13)	3.70 ** (1.62)	2.01 ** (0.79)
$\ln y_c$	-4.72 *** (0.99)	-5.62 *** (0.77)	-2.28 *** (0.65)	-2.91 ** (1.25)	-3.13 * (1.80)	-2.10 ** (0.86)
$\ln Y_f$	0.45 *** (0.05)	0.50 *** (0.05)	0.77 *** (0.06)	0.71 *** (0.07)	0.66 *** (0.08)	0.84 *** (0.08)
$\ln y_f$	0.46 *** (0.05)	0.02 (0.03)	-0.07 (0.05)	0.11 *** (0.02)	0.05 ** (0.02)	0.44 *** (0.05)
$\ln D_{cf}$	-0.25 *** (0.06)	-0.37 *** (0.06)	-0.14 *** (0.04)	-0.26 *** (0.02)	0.61 *** (0.03)	0.23 ** (0.10)
$CONT_{cf}$	0.44 *** (0.10)	0.67 *** (0.13)	0.25 ** (0.12)	0.23 ** (0.11)	-0.22 * (0.13)	0.75 *** (0.29)

续表

产品（HS码章）	27 矿物燃料、矿物油及其产品；沥青等	28 无机化学品；贵金属等的化合物	29 有机化学品	39 塑料及其制品	40 橡胶及其制品	42 皮革制品；旅行箱包；动物肠线制品
$LANG_{cf}$	-0.53*** (0.02)	0.31*** (0.07)	0.25*** (0.06)	0.57*** (0.07)	1.10*** (0.09)	1.16*** (0.09)
FTA_{cf}	1.83*** (0.07)	0.35*** (0.13)	0.71*** (0.08)	0.21*** (0.08)	0.25*** (0.10)	0.24** (0.11)
常数项	-83.62*** (16.04)	-106.11*** (12.39)	-60.41*** (14.95)	-67.29*** (22.93)	-87.95*** (33.10)	-51.66*** (16.25)
R^2	0.63	0.71	0.53	0.66	0.58	0.77
N	82	159	210	220	173	200
产品（HS码章）	44 木及木制品；木炭	48 纸及纸板；纸浆、纸或纸板制品	61 针织或钩编的服装及衣着附件	62 非针织或非钩编的服装及衣着附件	63 其他纺织制品；成套物品；旧纺织品	64 鞋靴、护腿和类似品及其零件
lnY_c	2.44*** (0.42)	2.72*** (0.88)	1.67*** (0.61)	1.90** (0.84)	1.47* (0.78)	1.50*** (0.49)
lny_c	-2.69*** (0.46)	-2.08** (0.96)	-1.44** (0.65)	-1.78* (0.93)	-1.22 (0.86)	-1.35*** (0.53)
lnY_f	0.91*** (0.06)	0.61*** (0.07)	0.81*** (0.07)	0.76*** (0.08)	0.81*** (0.09)	0.69*** (0.06)
lny_f	0.14** (0.06)	0.30*** (0.03)	0.63*** (0.06)	0.73*** (0.05)	0.33*** (0.07)	0.37*** (0.02)
lnD_{cf}	-0.48*** (0.12)	-0.32*** (0.03)	0.28*** (0.08)	-0.25*** (0.10)	-0.29* (0.15)	0.09 (0.07)
$CONT_{cf}$	-0.14 (0.24)	0.38*** (0.03)	0.82*** (0.23)	0.66*** (0.20)	0.55** (0.25)	0.84*** (0.16)
$LANG_{cf}$	0.48** (0.19)	0.35*** (0.11)	-0.62 (0.08)	-1.09*** (0.08)		-0.32*** (0.07)
FTA_{cf}	0.18 (0.17)	0.69*** (0.06)	0.90*** (0.09)	1.15*** (0.15)	0.88*** (0.16)	0.48*** (0.08)
常数项	-52.96*** (8.79)	-60.83*** (18.41)	-48.18*** (12.76)	-46.48*** (17.04)	-36.95** (15.86)	-36.49*** (10.41)
R^2	0.65	0.65	0.73	0.73	0.72	0.60
N	150	145	198	204	163	210

续表

产品（HS码章）	68 矿物材料的制品	69 陶瓷产品	70 玻璃及其制品	71 珠宝、贵金属及制品；仿首饰；硬币	72 钢铁	73 钢铁制品
lnY_c	2.58 *** (0.97)	−0.08 *** (0.008)	2.98 *** (0.51)	2.52 *** (0.57)	11.49 ** (4.67)	5.06 *** (1.40)
lny_c	−1.97 * (1.11)	0.57 * (0.32)	−2.54 *** (0.54)	−2.28 *** (0.62)	−12.05 ** (5.27)	−4.67 *** (1.55)
lnY_f	0.63 *** (0.14)	0.65 *** (0.06)	0.70 *** (0.06)	0.78 *** (0.10)	1.14 *** (0.07)	0.75 *** (0.07)
lny_f	0.05 (0.07)	−0.11 *** (0.01)	−0.05 (0.03)	0.34 *** (0.05)	−0.18 *** (0.06)	0.07 *** (0.02)
lnD_{cf}	0.03 (0.13)	−0.42 *** (0.05)	−0.46 *** (0.04)	0.43 (0.59)	−0.79 *** (0.06)	−0.28 *** (0.03)
$CONT_{cf}$	0.88 *** (0.26)	−0.12 (0.11)	−0.19 *** (0.12)	2.55 *** (0.64)	−0.73 *** (0.14)	−0.07 (0.14)
$LANG_{cf}$	−1.46 *** (0.17)	−0.44 (0.11)	−0.08 ** (0.04)	2.97 *** (0.72)	0.89 *** (0.10)	0.35 *** (0.06)
FTA_{cf}	1.22 *** (0.12)	0.20 *** (0.05)	0.39 *** (0.07)	−0.40 (0.26)	1.18 *** (0.14)	0.51 *** (0.10)
常数项	−58.96 *** (19.69)	3.27 (2.72)	−62.26 *** (11.06)	−65.42 *** (12.09)	−240.57 *** (93.57)	−108.36 *** (28.63)
R^2	0.67	0.54	0.64	0.67	0.75	0.69
N	79	200	200	116	175	220

产品（HS码章）	82 贱金属器具、利口器、餐具及零件	83 贱金属杂项制品	84 核反应堆、锅炉、机械器具及零件	85 电机、电气、音像设备及其零附件	87 车辆及其零附件，但铁道车辆除外	90 光学、照相、医疗等设备及零附件
lnY_c	2.95 *** (0.10)	3.55 ** (1.53)	2.71 *** (0.85)	2.70 ** (1.10)	4.99 *** (1.45)	1.41 ** (0.64)
lny_c	−2.95 *** (0.10)	−3.32 ** (1.68)	−2.32 ** (0.95)	−2.25 * (1.21)	−4.57 *** (1.59)	−1.43 ** (0.72)
lnY_f	0.85 *** (0.11)	0.83 *** (0.08)	0.78 *** (0.05)	0.76 *** (0.07)	0.79 *** (0.08)	0.82 *** (0.05)
lny_f	0.11 (0.07)	0.04 (0.06)	0.09 *** (0.02)	0.15 *** (0.02)	−0.18 *** (0.04)	0.18 *** (0.01)

续表

产品（HS码章）	82 贱金属器具、利口器、餐具及零件	83 贱金属杂项制品	84 核反应堆、锅炉、机械器具及零件	85 电机、电气、音像设备及其零附件	87 车辆及其零附件，但铁道车辆除外	90 光学、照相、医疗等设备及零附件
lnD_{cf}	−0.46 * (0.25)	−0.82 *** (0.16)	−0.14 *** (0.04)	−0.42 *** (0.05)	−0.15 *** (0.05)	−0.39 *** (0.05)
$CONT_{cf}$	0.004 (0.28)	−0.26 (0.23)	0.27 ** (0.11)	0.05 (0.14)	−0.003 (0.18)	0.26 * (0.15)
$LANG_{cf}$	0.41 (0.26)	−0.08 (0.12)	1.16 *** (0.04)	0.98 *** (0.08)	0.03 (0.09)	0.94 *** (0.05)
FTA_{cf}	0.39 ** (0.20)	0.43 *** (0.17)	0.24 *** (0.07)	0.28 *** (0.06)	0.06 (0.11)	0.20 ** (0.08)
常数项	−63.69 *** (1.90)	−73.56 ** (31.18)	−59.58 *** (17.41)	−56.96 ** (22.33)	−107.14 *** (29.55)	−30.66 ** (13.15)
R^2	0.76	0.70	0.64	0.67	0.65	0.70
N	185	189	220	220	216	220

产品（HS码章）	91 钟表及其零件	94 家具；寝具等；灯具；活动房	95 玩具、游戏或运动用品及其零附件	96 杂项制品
lnY_c	1.70 *** (0.36)	2.81 *** (1.09)	2.11 ** (1.01)	2.04 *** (0.11)
lny_c	−1.96 *** (0.40)	−2.62 ** (1.20)	−2.09 * (1.11)	−1.89 *** (0.12)
lnY_f	0.91 *** (0.03)	0.70 *** (0.07)	0.82 *** (0.06)	0.91 *** (0.09)
lny_f	0.62 *** (0.03)	0.53 *** (0.02)	0.57 *** (0.03)	−0.06 (0.06)
lnD_{cf}	−0.82 *** (0.20)	−0.22 *** (0.03)	0.10 *** (0.02)	−0.47 *** (0.16)
$CONT_{cf}$	−1.22 *** (0.31)	0.12 (0.10)	0.24 ** (0.12)	−0.47 (0.29)
$LANG_{cf}$	3.63 *** (0.15)	−0.22 *** (0.06)	0.52 *** (0.07)	0.79 *** (0.22)
FTA_{cf}		0.19 ** (0.09)	0.17 * (0.10)	0.49 *** (0.16)

续表

产品（HS码章）	91 钟表及其零件	94 家具；寝具等；灯具；活动房	95 玩具、游戏或运动用品及其零附件	96 杂项制品		
常数项	− 39.33 *** （7.43）	− 62.96 *** （22.29）	− 53.63 *** （20.66）	− 45.70 *** （2.51）		
R^2	0.79	0.72	0.68	0.78		
N	57	220	216	181		

注：系数下括号内为面板修正标准差，＊、＊＊、＊＊＊分别表示10%、5%、1%的显著性水平。

为了便于分析，更直观地考察中国出口品的相关特征，将表6.2整理结果如表6.3所示。

表6.3　　　　　　　　　　　产品出口特征

产品 HS 章	$\beta_1 - \beta_3$	β_2	β_4	β_5	β_6	β_7	β_8
27	3.88	−	+	−	+	−	+
28	4.97	−	不显著	−	+	+	+
29	1.94	−	不显著	−	+	+	+
39	2.46	−	+	−	+	+	+
40	3.03	−	+	+	−	+	+
42	1.17	−	+	+	+	+	+
44	1.53	−	+	−	不显著	+	不显著
48	2.11	−	+	−	+	+	+
61	0.86	−	+	+	+	不显著	+
62	1.14	−	+	−	+	−	+
63	0.66	不显著	+	−	+	不显著	+
64	0.81	−	+	不显著	+	−	+
68	1.95	−	不显著	不显著	+	−	+
69	−	+	−	−	不显著	不显著	+
70	2.28	−	不显著	−	−	−	+
71	1.74	−	+	不显著	+	+	不显著
72	10.35	−	−	−	−	+	+
73	4.31	−	+	−	不显著	+	+

续表

产品HS章	$\beta_1 - \beta_3$	β_2	β_4	β_5	β_6	β_7	β_8
82	2.10	–	不显著	–	不显著	不显著	+
83	2.72	–	不显著	–	不显著	不显著	+
84	1.93	–	+	–	+	+	+
85	1.94	–	+	–	不显著	+	+
87	4.20	–	–	–	不显著	不显著	不显著
90	0.59	–	+	–	+	+	+
91	0.89	–	+	–	–	+	不显著
94	2.11	–	+	–	不显著	–	正
95	1.29	–	+	+	+	+	+
96	1.13	–	不显著	–	不显著	+	+

五、计量结果分析

从表6.3可以看出除了第69章陶瓷产品外，考察的其余27章制造业产品 $\beta_1 - \beta_3$ 均为正值，这意味着除陶瓷产品外，其余产品均存在显著的"母市场效应"。同时我们可以根据 $\beta_1 - \beta_3$ 值的大小来判断各产业"母市场效应"的强度。HS码第72、28、73、87等章存在较强的"母市场效应"；同时90、91、61、62、63、64等各章则存在较弱的"母市场效应"。根据汉森和向（2004）的结论，高的运输成本，低的产品替代弹性的行业会呈现较强的"母市场效应"而低的运输成本，高的产品替代弹性的行业则会呈现较弱的"母市场效应"。72、73钢铁，87车辆等都是运输成本较高的产品，而61 – 64等各纺织鞋类品，90、91精密仪器设备等均是运输成本较低的产品，这样看来本研究的结果和汉森和向（2004）是一致的。但在汉森和向（2004）和舒马赫（2003）的结论中，陶瓷品均存在显著的"母市场效应"，而在本研究中，中国的陶瓷品不存在母市场效应，甚至和GDP存在负相关关系。呈现这样的差异原因在于本文考察的产品是HS码的章，而上述二者考察的则是国际标准产业分类码（ISIC）的产业，同时他们均以OECD国家为样本，而本研究则重在考察中国和各伙伴国的贸易。

再看中国出口产品的特征：从各章产品 β_2 的值可以看出，除了第 69 章陶瓷品 β_2 符号为正值，第 63 章不显著外，其余各章产品均为负值。根据伯格斯特兰（1989），这意味着中国出口的制造业产品几乎都是劳动密集型的，只有陶瓷品属资本密集型。再来看 β_4 的符号，除了几章产品不显著外，第 69、72、87 章这三章为必需品，其余各章产品均为奢侈品。

再看距离和三个虚拟变量的系数：从 β_5 的符号可知，中国各章产品出口大部分和距离存在负相关关系，但不显著甚至存在正相关关系的章也有不少。而 β_6、β_7 的符号就更加混乱，对大部分章来说，接壤、语言这两个变量和出口是正相关关系，但不显著甚至存在负相关关系的章非常多。这和麦克卡莱姆（Mccallum，1995）、伯格斯特兰（Bergstrand，1985，1989）、劳赫（Rauch，1999）、芬斯特拉（Feenstra，2001）等引力实证文献的结论存在较大差异，以上文献均得出贸易量和距离显著负相关，和接壤、语言显著正相关关系的结论。本章的结果似乎说明，距离、是否接壤、是否有共同语言历史纽带等变量对中国制造业产品的出口影响并不太显著，对各章产品影响方向也并不一致。但自由贸易协定 β_8 这一栏除了几章产品不显著外，其余各章产品 β_8 均为正值。这说明自由贸易协定对中国制造业产品出口存在显著的促进作用。

第三节　本章小结

本章旨在对中国制造业产品做"母市场效应"的经验研究。采用伯格斯特兰（1989）的引力模型，考察了中国制造业中出口额较大，出口国较多的一共 28 章产品。通过对各章产品面板数据的回归分析发现，除了陶瓷品外，考察的其余 27 章产品均存在显著的"母市场效应"。其中钢铁、无机化学、车辆等产品呈现较强的"母市场效应"，而纺织品、精密仪器等产品则呈现较弱的"母市场效应"，这和汉森和向（2004）的结论是一致的。同时本章也对中国出口的制造业产品特征进行了分析。出口的制造业产品中除了陶瓷外全为劳动密集型产品，而且绝大部分产品对伙伴国来说为奢侈品。距离、是否接壤、是否有共同语言历史纽带等变量对中国制造业产品的出口影响并不太显著，对各章产品影响方向也并不一致。自由贸易协定对中国制造业产品出口存在显著的促进作用。

　　本章的研究在理论上始终假定两国代表性消费者存在相同的位似偏好，这样两国收入在各产品上的支出份额会一样，从而在实证上用国家整体相对市场大小来代替各章产品的相对市场大小，这样在数据上获得了便利。放松这一假定，让两国在不同产品上有不同的支出份额似乎更切合实际，估计结果应该也会更准确。同时本章研究的是海关 HS 码的产品，没有使用国际标准产业分类码（ISIC），也没有使用中国的制造业分类码在产业层面上进行研究，如果采用 ISIC 产业分类法，那么就能够更方便的将检验结果和相关文献进行比较。同时，中国制造业内部各产业内需如何，这一内需是否促进了产业的出口，也是我们尚未回答的问题。能不能建立一个行业国内需求和出口相互关系的模型，从而更直观地探讨行业"母市场效应"的存在性？同时允许行业支出份额在国家间不一样，使检验结果更为准确？这应该是本书接下来要做的工作。

"母市场效应"理论
及其应用研究

Chapter 7

第七章　中国制造业对外贸易的"母市场效应"

——基于ISIC面板数据的研究

上一章从产品层面上检验了中国制造业各产品"母市场效应"的存在性，通过对各章产品面板数据的回归分析发现，除了陶瓷品外，考察的其余27章产品均存在显著的"母市场效应"。但是上一章的研究在理论上始终假定两国代表性消费者存在相同的位似偏好，这样两国收入在各产品上的支出份额会一样，从而在实证上用国家整体相对市场大小来代替各章产品的相对市场大小，这样在数据上获得了便利。放松这一假定，让两国在不同产品上有不同的支出份额似乎更切合实际，估计结果应该也会更准确。同时上章研究的是海关HS码的产品，没有使用国际标准产业分类码（ISIC），也没有使用中国的制造业分类码在产业层面上进行研究，如果采用ISIC产业分类法，那么就能够更方便的将检验结果和相关文献进行比较。同时，中国制造业内部各产业内需如何，这一内需是否促进了产业的出口，也是上章没有回答的问题。能不能建立一个行业国内需求和出口相互关系的模型，从而更直观地探讨行业"母市场效应"的存在性？同时允许行业支出份额在国家间不一样，使检验结果更为准确？这是本章接下来要做的工作。

第一节　本章研究的背景

中国经济已经过了改革开放以来连续三十几年的高增长，其中高速增长的出口不仅为经济增长，而且为持续地提供大量就业岗位做出了巨大贡献。但是近几年来一方面成功出口遇到了较多贸易摩擦，另一方面作为有目共睹的以低价劳动力为主的出口比较优势也呈现出日减趋势，整个中国的出口形势开始不容乐观。宏观经济层面上的内外结构失衡的矛盾显现出来。2008年爆发的世界金融经济危机只是加剧了这种矛盾的表面化和直接性。这就是说，当前以至今后相当长一段时间内中国制造业产品出口因国际市场因素和国内生产成本等因素已开始呈现相对萎缩的趋势。尽管我们应调整过度依赖出口的外向经济政策和经济格局，但在短期内由外需向内需的转变毕竟带有某种被动成分。中国的人口和就业压力并不允许出口相当程度上被内需来替代，国内不合理的收入分配结构等因素也难以支持内需真正弥补由出口减弱而让出的对增长和就业贡献的空间。内需与外需并举应该是支持中国经济发展的总需求格局。没错,扩大内需是我们当前和今后重要的经济调整目标,能不能在刺激和扩大内需的同时不但不是对出口的替代,反而是带来支持出口的不同于现有比较优势的另一种新优势呢?对"母市场效应"的研究和在此基础上考量中国制造业产品出口的"母市场效应"可以帮助我们回答这个问题。

国际贸易动因在理论上被归为两类:比较优势(含要素禀赋)与规模经济。前者针对部门间贸易,后者针对部门内贸易。20 世纪 60 年代以来,部门内贸易开始盛行,建立在不完全竞争理论基础上的同部门差异产品国际分工生产中的规模经济实现原理成为指导工业制成品部门内国际贸易的共同思想。规模经济原理下的国际分工和贸易确实不必具有基于要素禀赋的比较优势。我们的研究是要厘清哪些我们目前的强势出口部门其实只源于比较优势,在中国,比较优势就是劳动力比较优势,这种优势会日减;哪些部门不管其出口现在是否强势,都因其具有明显"母市场效应"而在内需扩大条件下将保持或呈现强势。

众所周知,在规模报酬不变或递减的情况下,一国会倾向于进口那些具有较大国内需求的产品。然而在规模报酬递增的情况下,如果一国对某种产品具有极大的国内需求,那么,该国会成为该种产品的净出口国(Linder,1961)。同时克鲁格曼(1980)对上述问题以正式的模型加以表述,提出了"母市场效应"理论。"母市场效应"是指在行业规模报酬递增,垄断竞争,且存在运输成本的情况下,需求大国将会成为差异化产品的净出口国。1980 年以后,克鲁格曼在他后来的研究文献中一直运用这个概念。赫尔普曼和克鲁格曼(Helpman & Krugman,1985)又扩展了这个理论,并且克鲁格曼和维纳布尔斯(Krugman & Venables,1990)把"母市场效应"理论应用到了解释欧盟南扩的动因中:一个较大的市场会吸引更多生产差异化产品的企业,而与之进行贸易的小市场只能选择生产同质化的产品。

自从克鲁格曼发表关于"母市场效应"和新经济地理学的系列文章之后,不少学者在理论上对"母市场效应"存在的条件,强弱依赖的参数进行了分析，主要是对最初那些假定①的放松和修改。同时也在实证上对"母市场效应"的存在性进行了检验。"母市场效应"理论的提出引起了学界在经验研究上的极大兴趣。首先，根据赫德和莱斯（Head & Ries，2002），规模报酬递增是"母市场效应"存在的必要条件，如果经过检验，某个行业确实存在着"母市场效应"，就能从实证上将其与规模报酬不变和规模报酬递减情形区别开来。其次，在理论上，如果在均衡中强调贸易平衡，那么，"母市场效应"的存在必然导致小国要素价格的降低，同时大的市场劳动力的状况会得到改善，那么必然会导致核心–外围（core-peripheral）模式的不断形成（Krugman，1991）。再次，"母市场效应"的存在意味着规模经济也是贸易的重要动因。那么，一国在没有比较优势，或者原有优势日减的情况下，即可以通过扩大国内需求来提高和巩固其在对外贸易中的地位。

对"母市场效应"的实证检验主要存在两条路径：一是考察两国产业相对需求和相对产量的相关性，即需求的增长是否导致产量以更大比例增长②，如果是，则说明"母市场效应"的存在。二是考察产业相对出口对相对市场大小的弹性，如果这一弹性为正，则说明"母市场效应"的存在，这样一条路径一般需要使用引力方程（gravity equation）。

阿米蒂（Amiti，1998）对欧盟国家的研究显示，欧盟国家专业化生产程度增强，欧盟国家产业地理集中程度更高。这与新贸易理论的假设是一致的，也对"母市场效应"的存在提供了支持。戴维斯和维恩斯坦（Davis & Weinstein，1996）首先检验了 OECD 国家的制造业生产结构，结果并不支持"母市场效应"。要素禀赋解释了 90% 的生产模式，"母市场效应"仅为 5%。紧接着，戴维斯和维恩斯坦（1999）又考察了日本的区域生产结构，发现 19个制造业部门中有 8 个支持"母市场效应"。但这个研究只是对一国国内市场的研究。随后戴维斯和维恩斯坦（2003）将克鲁格曼（1980）的模型和多部门 H–O 模型结合起来，对 OECD 国家制造业部门的"母市场效应"进行

---

① 偏好以商品间不变替代弹性来表示（CES）；一个企业生产一种产品；企业规模很小，不会对竞争对手的行为产生任何影响，这个假定加上前两个假定，意味着厂商的价格在边际成本之上有一个固定的上升额；冰山运输成本；有两个部门，一个规模报酬递增，垄断竞争（IRS–MC），生产差异化产品，存在正的运输成本；一个规模报酬不变，完全竞争（CRS–PC），生产同质化产品，运输成本为零。

② 戴维斯和维恩斯坦解释为需求对产量的放大效应。

了实证研究，并认为母市场效应对 OECD 国家的多数产业非常重要。该文是对戴维斯和维恩斯坦（1996）工作的扩展，目的是对规模报酬递增引起的贸易和比较优势引起的贸易进行区分，将报酬递增和贸易成本纳入一般均衡分析框架。其分析的展开与戴维斯和维恩斯坦（1999）相同。与戴维斯和维恩斯坦（1996）不同，该文得出的结论对"母市场效应"的存在提供了支持，1/2 到 2/3 的 OECD 国家的制造业部门存在母市场效应，文中的模型证明了规模报酬递增对 OECD 国家产业结构的重要性。赫德和莱斯（Head & Ries，2001）提出了规模报酬递增和 NPD（national product differentiation）模型。规模报酬递增模型认为一国需求的增长会导致产出以大于 1 的比例增长，而NPD 模型则认为产出会以小于 1 的比例增长。赫德和莱斯考察了 1990 ~ 1995年美国和加拿大的贸易，认为贸易障碍的削弱会导致更强的"母市场效应"。两种模型都是产业内贸易，在每个产业内部，每个国家都从事某种产品的专业化生产。随着时间的推移，美国和加拿大关税和非关税壁垒都在不断削弱，但是关税对贸易的替代弹性仍然很强。两种模型都认为一国需求和其产量间存在线性关系，但是规模报酬递增模型需求的增长影响到了企业的区位选择，而国家产品差异化模型则认为企业在哪生产是外生的。国家产品差异化模型和短期报酬递增模型得出了相似的结论，即逆"母市场效应"。关税和非关税壁垒的降低相对来说损害了需求大国的产业，美国和加拿大的贸易显示出逆"母市场效应"。沿用劳赫（Rauch，1999）的产品分类方法，芬斯特拉（Feenstra，2001）通过考察两种不同类型的产品相对于本国 GDP 的弹性和相对于外国 GDP 的弹性来检验"母市场效应"的存在性。对 110 个国家分 5 个年份分别进行了检验，其结果支持差异化产品自由进入的垄断竞争模型和同质化产品存在进入障碍的互惠倾销（reciprocaldumping）模型，差异化产品呈现"母市场效应"而同质化产品呈现逆"母市场效应"。韦德（Weder，2003）建立了一个相对出口额和相对市场大小线性关系的模型来考察英美贸易模式，其理论模型认为相对出口额和相对市场大小正相关，其检验结果支持"母市场效应"。汉森和向（Hanson & Xiang，2004）建立了一个差异化产品产业连续流的垄断竞争贸易模型。该模型显示出，高的运输成本和低的产品替代弹性（产品差异化大）的产业倾向于集中在大国，而低的运输成本和高的产品替代弹性（产品差异化小）的产业倾向于集中在小国。这说明了即使在制造业内部,"母市场效应"都会随着特定产业特征的不同而呈现出强度上的差异。检验结果发现大国出口高的运输成本,差异化程度高的产品,而小国出口低的运输成本,差异化程度低的产品。张帆和潘佐红(2006)对中国国内省间贸易做了"母市场(这里只能指地区或省为单位的市场)效应"的实证研究。他们认为"母市场效应"在决定中国地区间生产和贸易的类型上起显著作用。

人们将 H - O 理论应用到中国来研究国际贸易、国内贸易问题,并延伸到中国的产业、科技发展等问题。其中有一种观点,认为中国真正具有比较优势的是劳动力资源,中国有取之不尽、用之不竭的廉价劳动力,由此延伸出中国在全球经济分工中最有优势的是发展劳动密集型产业。但如果中国只有廉价劳动力这个比较优势,那么,中国是否一定能保持长期高速的经济增长呢?发展中国家不可过分依赖于要素比较优势,一是这一优势并非永久的优势,二是如果单纯依赖这一优势,那么,就很有可能陷入"贫困化增长"的陷阱。但是,现实情况是自 2000 年以来,中国商品出口已经连续多年快速增长。中国从 2000 ~ 2008 年年平均出口增长 20.5%,其中 2007 年增长 19.5%,2008 年增长 8.5%;2008 年中国商品总出口为 14283 亿美元,居世界第二。显然,H - O 理论不足以解释中国的贸易增长。"母市场效应"理论的发展,为我们解释中国的持续的高速贸易增长提供了一个方向。反观中国的出口构成情况,中国这样一个出口大国出口的主要产品是制造业产品。2007 年和 2008 年中国制造业出口总额分别为 11348 亿美元和 13296 亿美元,占到中国商品出口总额约 93%,占世界商品出口总额约 12%,由此可见制造业在中国对外贸易中的重要地位。同时制造业也比较符合克鲁格曼(1980)关于"母市场效应"存在性的一些假定,如规模收益递增、垄断竞争、差异化产品等。这样我们可以似乎提出这样的假说:中国的出口增长既有要素比较优势的动因,又存在制造业部门对外贸易"母市场效应"这一动因。

既然中国出口的产品主要是制造业产品,那么制造业内部各行业的国内需求如何,这一内需是否促进了出口,即是否存在"母市场效应"这是本书关注的问题。本书的研究和相关研究存在着一些不同,首先本研究重在考察行业内需和出口的关系,这样在考察"母市场效应"的存在性上显得更为直观,而不是着眼于需求和产量的线性关系,这就和第一类研究区别开来;其次，本研究在理论上放松了两国代表性消费者在同一行业上支出份额相同这一假定，允许代表性消费者在同一行业上有不同的支出份额，即设置不同的效用函数来推导行业相对出口和行业相对市场大小的关系，这样一来就更符合实际，同时在实证上使用的是行业规模数据，也避免了使用国家总体市场大小来代替行业市场大小，这样也和第二类研究区别开来。

本章提出一个两国，多个规模报酬递增，垄断竞争的产业，单一要素的一般均衡模型，在两国代表性消费者在同一产业上有不同支出份额的假定下，通过对模型的求解，从而在理论上阐明行业相对出口和行业相对市场大小之间的关系。本章采用 2002～2008 年中国与 OECD 国家双边贸易 ISIC 两位数面板数据对制造业各行业"母市场效应"的存在性进行检验，并对检验结果结合已有研究进行对比分析。

第二节 模 型

沿用韦德（Weder，2003）的多产业单要素模型，假定有两个国家，母国 h 和外国 f，母国人口为 L，外国为 L^*，母国工资率为 w，外国为 w^*。同时假定母国和外国消费者在产品 i 上具有外生给定的不同的支出份额，母国为 s_i，外国为 s_i^*。这样两国在产业 i 上的相对市场大小则不能用 L/L^* 的衡量，而应该用 $s_i L/s_i^* L^*$ 来衡量。众多的理论文献假定 C－D 型和 CES 型复合效用函数，并假定不同国家代表性消费者在同一产品上具有相同的支出份额，从而在理论上导出两国相对产品数目 n_i/n_i^* 和相对市场大小 L/L^* 的关系，$n_i/n_i^* > L/L^*$ 则意味着"母市场效应"的存在。余（Yu，2005）使用更为一般的 CES 函数将这一支出份额内生化，从而导出 $n_i/n_i^* = s_i L/s_i^* L^*$，而 s_i 和 s_i^* 的取值受到同质化产品和差异化产品替代弹性的影响，所以此时不一定能导出 $n_i/n_i^* > L/L^*$。而本文仍然假定差异化产品支出份额外生给定，但国家间这一份额不同，仍能导出 $n_i/n_i^* = s_i L/s_i^* L^*$，但是某个产业是否呈现"母市场效应"则取决于 s_i/s_i^* 的大小，当 $s_i/s_i^* > 1$ 时，产业呈现"母市场效应"；当 $s_i/s_i^* = 1$ 时，得出一个成比例的均衡 $n_i/n_i^* = L/L^*$（Davis，1998），此时不存在"母市场效应"；当

$s_i/s_i^*<1$ 时，产业呈现逆“母市场效应”。这样虽然支出份额是外生给定的，但由于这一份额的不同，导致产业市场大小的不同，从而导致产业结构上的差异。为了更为直观地探讨产业内需和出口的关系，我们通过对模型均衡的求解来建立两国在产业 i 上的相对出口 E_i/E_i^* 和相对市场大小 $s_iL/s_i^*L^*$ 的关系。如果产业 i 上存在“母市场效应”，则意味着 E_i/E_i^* 和 $s_iL/s_i^*L^*$ 的正相关关系，即 $d(E_i/E_i^*)/d(s_iL/s_i^*L^*)>0$。

两个国家均存在 G 个生产差异化产品的产业，每个产业都是张伯伦垄断竞争的，厂商采取单一要素劳动 l 进行生产，每个厂商生产一种产品。劳动力只能在国内自由流动。冰山形式运输成本 $\tau>1$。两国代表性消费者效用函数为 C–D 函数，分别为

$$U = \prod_{i=1}^{G} c_i^{s_i} \qquad \sum_{i=1}^{G} s_i = \sum_{i=1}^{G} s_i^* = 1$$

$$U^* = \prod_{i=1}^{G} c_i^{* s_i^*} \tag{7.1}$$

其中，c_i 和 c_i^* 分别代表母国和外国对产业 i 产品的总消费量，s_i 和 s_i^* 代表母国和外国在产业 i 上的支出份额。同时，在同一产业内部，消费者的偏好为 CES 形式：

$$C_i = \Big[\sum_{j=1}^{n_i} c_{ij}^{(\sigma-1/\sigma)} + \sum_{j=1}^{n_i^*} (m_{ij}/\tau)^{(\sigma-1/\sigma)}\Big]^{\frac{\sigma}{\sigma-1}}$$

$$C_i^* = \Big[\sum_{j=1}^{n_i} (m_{ij}^*/\tau)^{(\sigma-1/\sigma)} + \sum_{j=1}^{n_i^*} c_{ij}^{*(\sigma-1/\sigma)}\Big]^{\frac{\sigma}{\sigma-1}} \tag{7.2}$$

其中，n_i 和 n_i^* 分别为母国和外国产业 i 的产品数，c_{ij} 和 c_{ij}^* 分别表示母国和外国产业 i 产品 j 的消费量，m_{ij} 和 m_{ij}^* 分别表示母国产业 i 产品 j 的进口量和出口量，这样母国产业 i 的出口量为 $n_i m_{ij}^*$，进口量为 $n_i^* m_{ij}$，σ 为差异化产品间的替代弹性。这样两国产业 i 的价格指数分别为

$$P_i = \Big[\sum_{j=1}^{n_i} p_{ij}^{1-\sigma} + \sum_{j=1}^{n_i} (p_{ij}^* \tau)^{1-\sigma}\Big]^{\frac{1}{1-\sigma}}$$

$$P_i^* = \Big[\sum_{j=1}^{n_i} (p_{ij}\tau)^{1-\sigma} + \sum_{j=1}^{n_i^*} (p_{ij}^*)^{1-\sigma}\Big]^{\frac{1}{1-\sigma}} \tag{7.3}$$

其中，p_{ij} 和 p_{ij}^* 分别表示母国和外国产业 i 产品 j 的价格。假定生产呈现规模经济，厂商成本函数为

$$l_{ij} = a + b\, x_{ij} \qquad (a, b > 0)$$
$$l_{ij}^* = a + b\, x_{ij}^*$$

(7.4)

其中，l_{ij} 表示母国生产 x 单位产业 i 的第 j 种产品所需要投入的劳动，同理，l_{ij}^* 表示外国生产 x^* 单位产业 i 的第 j 种产品所需要投入的劳动。

现在考察这一模型的均衡。首先考察代表性消费者行为。消费者会进行一个两阶段的预算，在第一阶段消费者在预算约束 $Y_h = wL$ 和 $Y_f = w^* L^*$ 下最大化 (7.1) 式，消费者在每个产业上分配其支出，于是有

$$p_i c_i = wLs_i$$
$$p_i^* c_i^* = w^* L^* s_i^*$$

(7.5)

在第二阶段，消费者在约束 (7.5) 下最大化 (7.2) 式，据此导出需求函数：

$$c_{ij} = p_{ij}^{-\sigma} p_i^{\sigma-1} wLs_i$$
$$m_{ij} = (\tau p_{ij}^*)^{-\sigma} p_i^{\sigma-1} wLs_i$$
$$c_{ij}^* = p_{ij}^{*-\sigma} p_i^{*\sigma-1} w^* L^* s_i^*$$
$$m_{ij}^* = (\tau p_{ij})^{-\sigma} p_i^{*\sigma-1} w^* L^* s_i^*$$

(7.6)

在均衡时，厂商价格是边际成本上一个固定的上升额，同时在自由进入使厂商利润为零的条件下，厂商的均衡产量是固定的且独立于价格和厂商数目，每个厂商的产量均一样，故可省去品种下标 j：

$$p_{ij} = wb \frac{\sigma}{\sigma-1}$$
$$p_{ij}^* = w^* b \frac{\sigma}{\sigma-1}$$
$$x_{ij} = x_{ij}^* = \frac{a(\sigma-1)}{b} = x_i$$

(7.7)

在劳动力市场出清时有

$$\sum_{i=1}^{G} n_i (a + bx_i) = L$$

$$\sum_{i=1}^{G} n_i^* (a + bx_i^*) = L^* \qquad (7.8)$$

结合 (7.7) 式和 (7.8) 式有

$$\sum_{i=1}^{G} n_i = \frac{L}{\alpha\sigma} \qquad (7.9)$$

$$\sum_{i=1}^{G} n_i^* = \frac{L^*}{\alpha\sigma}$$

在产品市场出清时有

$$x_{ij} = c_{ij} + m_{ij}^* \qquad (7.10)$$

$$x_{ij}^* = c_{ij}^* + m_{ij}$$

根据式 (7.6) 的需求函数和式 (7.7) 的均衡价格，均衡产量，在供求相等时导出两国在产业 i 上的相对厂商数目：

$$n_i/n_i^* = [s_i/s_i^* - qB]/[B - q^*(s_i/s_i^*)]$$
$$其中，B = (L^*/L)[1 - q^*(w^*/w)]/[1 - q(w/w^*)] \qquad (7.11)$$
$$q = (w/w^*)^{\sigma-1}\tau^{1-\sigma}, q^* = (w^*/w)^{\sigma-1}\tau^{1-\sigma}$$

同时，在贸易平衡的条件下导出两国的相对工资率，令 T_i 表示产业 i 的净出口，则有

$$T_i = n_i m_{ij}^* - n_i^* m_{ij} = [n_i q^*/(n_i^* + n_i q^*)]s_i^* w^* L^*$$
$$- [n_i^* q/(n_i + n_i^* q)]s_i wL \qquad (7.12)$$

在 $\sum_{i=1}^{G} T_i = 0$，且 $\sum_{i=1}^{G} S_i = \sum_{i=1}^{G} s_i^* = 1$ 时，结合 (7.11) 式导出两国相对国家大小和相对工资率之间的关系：

$$\frac{L}{L^*} = \frac{(w/w^*)^{\sigma} - \tau^{1-\sigma}}{(w/w^*)^{1-\sigma} - (w/w^*)\tau^{1-\sigma}} \qquad (7.13)$$

同时两国在产业 i 上的相对出口为

$$\frac{n_i m_{ij}^*}{n_i^* m_{ij}} = \frac{n_i q^*/(n_i^* + n_i q^*)s_i^* w^* L^*}{n_i^* q/(n_i + n_i^* q)s_i wL} \qquad (7.14)$$

将式 (7.11) 和式 (7.13) 代入式 (7.14) 得到

$$\frac{n_i m_{ij}^*}{n_i^* m_{ij}} = \frac{(s_i L/s_i^* L^*)[1 - q(w/w^*)] + [qq^*(w^*/w) - q]}{(L/L^*)[1 - q^*(w^*/w)] + (s_i L/s_i^* L^*)[qq^* - q(w/w^*)]}$$

(7.15)

令 $n_i m_{ij}^*/n_i^* m_{ij} = E_i/E_i^*$，$s_i L = Z_i$，$s_i^* L^* = Z_i^*$，则有

$$\frac{E_i}{E_i^*} = \frac{(Z_i/Z_i^*)[1 - q(w/w^*)] + [qq^*(w^*/w) - q]}{(L/L^*)[1 - q^*(w^*/w)] + (Z_i/Z_i^*)[qq^* - q(w/w^*)]}$$

(7.16)

需要说明的是，根据韦德（Weder，2003），Z_i 和 Z_i^* 表示母国和外国在产业 i 上的市场大小，这样，式（7.16）建立了两国在某产业上的相对出口和相对市场大小之间的关系。根据式（7.16）判断 E_i/E_i^* 与 Z_i/Z_i^* 的关系并不直观，我们可以进行数值模拟和特定情况的假定来直观地考察二者之间的关系。

首先进行数值模拟，假定 $\tau = 1.5$，$L/L^* = 5$，在 $\sigma > 1$ 时，w/w^* 和 q、q^* 的值通过式（7.11）和式（7.15）而被分别给定。在这样的假定下，图 7-1 描绘了相对出口和相对市场大小之间的关系。

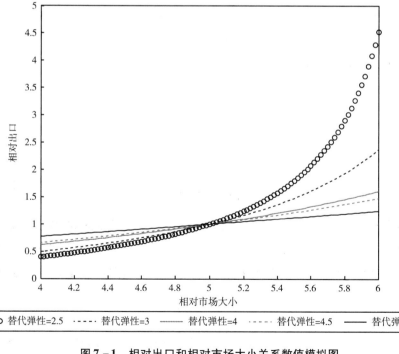

图 7-1　相对出口和相对市场大小关系数值模拟图

由图 7-1 可以看到，对于任意给定的值 $\sigma > 1$，我们均能看到相对出口和相对市场大小的正相关关系。根据"母市场效应"理论，大的市场会有更大的出口，这意味着 E_i/E_i^* 与 Z_i/Z_i^* 存在正相关关系。这样要检验双边贸易中，某个产业是否存在"母市场效应"，只需要看两国在该产业上的相对出口和相对市场大小之间是否存在正相关关系即可。这种正相关关系越强烈，则意味着"母市场效应"越强。而在大多数的引力模型文献中，在假定两国代表性消费者在同一产业上有相同支出份额的情况下，以国家整体市场大小 L/L^* 来代替行业的相对市场大小 $s_i L/s_i^* L^*$，这样在经验分析中往往使用国家 GDP 数据来代替行业数据，这样似乎与现实不符。因为虽然一国相对于另一国来说在国家总体上有更大的市场，这并不意味着该国在所有制造业行业上相对于另一国来说均有更大的市场，原因在于两国消费者在某产业上的支出份额往往并不相同。同时图 1 也显示出，随着替代弹性 σ 取值越小，曲线变得更加陡峭，"母市场效应"更加强烈。这意味着产品差异化程度越高，"母市场效应"会更加强烈，相反，产品同质化程度越高，"母市场效应"会越弱，这印证了汉森和向（Hanson & Xiang, 2004）[①] 的结论。

其次，我们也可以进行特定情况的假定来推导相对出口和相对市场大小之间的关系。假定 $L = L^*$，利用式（7.13），将式（7.16）转化为

$$\frac{E_i}{E_i^*} = \frac{(Z_i/Z_i^*) - \tau^{1-\sigma}}{1 - (Z_i/Z_i^*)\tau^{1-\sigma}} \qquad (7.17)$$

于是有

$$\frac{\partial(E_i/E_i^*)}{\partial(Z_i/Z_i^*)} = \frac{1 - \tau^{2-2\sigma}}{[1 - (Z_i/Z_i^*)\tau^{1-\sigma}]^2} > 0 \qquad (7.18)$$

因为 τ 和 σ 均大于 1，所以式（7.18）成立。这也说明两国在产业 i 上的相对出口和其相对市场大小之间存在正相关关系。这样，我们通过一般均衡模型的推导，利用数值模拟和特定情况的假定，从理论上证明了"母市场效应"的存在。

[①] 汉森和向（Hanson & Xiang, 2004）认为，"母市场效应"会随着行业特征的不同而呈现出强度上的差异，低的替代弹性的产业会呈现出更强的"母市场效应"。

第三节　基于 ISIC 面板数据的经验研究

一、检验方程

根据数值模拟（图 7 – 1）和特定情况的假定式（7.18）虽然能说明一国在某产业上的相对出口和其相对市场大小之间的正相关关系，即在理论上证明"母市场效应"的存在，但从式（7.16）和图 7 – 1 均可看到，E_i/E_i^* 与 Z_i/Z_i^* 并不存在线性关系。韦德（Weder，2003）假定 E_i/E_i^* 与 Z_i/Z_i^* 的线性关系，使用时间序列数据考察了英美两国的贸易模式，证实了这种正相关关系确实存在。而我们的工作是以这一理论为基础，使用面板数据，考察中国与多个 OECD 国家的双边贸易，检验中国制造业各部门"母市场效应"的存在性。如果某个产业相对出口和其相对市场大小存在正相关关系，则说明"母市场效应"的存在，如果没有这种正相关关系，则说明"母市场效应"不存在。为了更为直观和方便产业间的比较，实证上我们假定 E_i/E_i^* 与 Z_i/Z_i^* 之间存在 log 线性关系，给出检验方程：

$$\ln \frac{E_{cfi}}{E_{fci}} = \beta_0 + \beta_1 \ln \frac{Z_{ci}}{Z_{fi}} + \xi_i \tag{7.19}$$

其中，E_{cfi}/E_{fci} 表示中国和外国在产业 i 上的相对出口额，Z_{ci}/Z_{fi} 表示中国和外国在产业 i 上的相对市场大小。$\beta_1 > 0$ 则说明"母市场效应"的存在。

二、数据说明

本章使用了中国与 25 个 OECD 国家[①]在 2002 ~ 2008 年制造业双边贸易数

---

① 这些国家是：奥地利、比利时、波兰、丹麦、德国、法国、芬兰、韩国、荷兰、捷克、卢森堡、美国、墨西哥、挪威、葡萄牙、日本、瑞典、瑞士、斯洛伐克、西班牙、希腊、新西兰、匈牙利、意大利、英国。其中澳大利亚和加拿大由于数据缺失未选取，还有部分国家由于与中国贸易量太小而未被选取。

据，数据来源于 OECD STAN 双边贸易数据库。OECD 国家在各产业上的市场大小数据是经过计算得到的。由于消费者在某产业上的支出份额这样的数据几乎没有，以 Ls_i 和 $L^* s_i^*$ 来表示行业市场大小在实证上变得不可能。根据韦德（Weder，2003），产业的国内需求基本能代表该产业的市场大小，而产业国内需求 = 产业总产量 + 该产业总进口 - 该产业总出口。本研究使用这一方法计算了 OECD 国家在制造业各行业的市场大小。数据来源于 OECD STAN 结构分析数据库。由于 OECD 数据库中基本没有中国的数据，中国在各制造业部门的市场大小数据来自于中国统计年鉴（2003 - 2009），也使用上述方法进行计算得到。由于中国统计年鉴中，中国制造业各部门的产值数据使用的是国民经济行业分类（GB/T 4754—2002），而各产品的贸易数据使用的是海关 HS 编码，而 OECD 数据库使用的则是国际标准产业分类（ISIC/Rev. 3），本研究统一使用国际标准产业分类（ISIC/Rev. 3）两位数数据，并利用中国国家统计局《国民经济行业分类》与《国际标准产业分类》对照表，以及 OECD 数据库中 HS 编码与《国际标准产业分类》对照表，将数据进行对接。为了尽量减少对接上的误差，本研究进行了一些必要的加总。本章考察的产业及三种分类法的对照见表 7.1。

表 7.1　　　　　　制造业部门 ISIC、GB 与 HS 两位数对照表

ISIC/Rev. 3	GB/T 4754—2002	HS2007
食品、饮料和烟草制造（15—16）	13、14、15、16	02、04、09、11、12、15—24
纺织、服装和皮革制造（17—19）	17、18、19	41—43、50—65
木制品（20）	20	44—46
纸制品和印刷品制造（21—22）	22、23	47—49
炼油及核燃料制造（23）	25	27
化学产品制造（24）	26、27、28	28—38
橡胶和塑料产品制造（25）	29、30	39—40
其他非金属矿产品制造（26）	31	68—70
基本金属和金属制品制造（27—28）	32、33、34	71—83
机械设备制造（29—33）	35、36、39、40、41	84—85、90—91、93
运输设备制造（34—35）	37	86—89
杂项制品及废弃资源回收（36—37）	21、24、42、43	66—67、92、94—96

　　注：参照中国国家统计局《国民经济行业分类》与《国际标准产业分类》对照表，以及 OECD 数据库 HS 编码与《国际标准产业分类》对照表。

所有数据均采用美元为计量单位,部分以本币表示的数据根据各样本国本币在各年对美元的汇率统一换算为美元。由表 7.1 可以看到,由于数据上的要求,本章经过合并加总后,将 ISIC 制造业部门分成了 12 个行业进行考察,这样每个行业均会形成一个面板数据。当然,由于某些国家在某个行业上与中国没有双边贸易,于是导致不同行业的观测值会有不同。这样,根据获得的数据,我们的经验研究旨在分析各行业内需和出口之间的关系,即是否一国相对于另一国在某个行业有较大的国内需求,那么双边贸易中,该国会成为该行业产品的净出口国。即探讨各行业"母市场效应"的存在性。

三、面板数据的计量方法

本章对数据的处理首先采用混合 OLS(pooled OLS)模型、固定效应(Fixed Effects,FE)模型和随机效应(Random Effects,RE)模型。利用 F 检验识别使用 OLS 模型还是 FE 模型,再利用 LM 检验(lagrangian multiplier test)识别使用 OLS 模型还是 RE 模型,用 Hausman 检验识别使用 RE 模型还是 FE 模型。

四、计量结果及分析

计量结果见表 7.2。

表 7.2　　　　　　　　　　基于式(7.19)的各行业回归结果

行业(ISIC/Rev. 3)	$\ln(Z_{ci}/Z_{fi})$	常数项	R^2	N
纸制品和印刷品制造(21—22)	1.02 *** (0.19)	−0.98 *** (0.34)	0.06	162
机械设备制造(29—33)	0.58 *** (0.10)	−0.22 (0.28)	0.04	162
木制品(20)	0.45 *** (0.15)	2.34 *** (0.55)	0.02	157
基本金属和金属制品制造(27—28)	0.43 ** (0.18)	−0.11 (0.50)	0.04	162

行业（ISIC/Rev. 3）	ln（Z_{ci}/Z_{fi}）	常数项	R^2	N
运输设备制造（34—35）	0.38 ** (0.19)	-0.59 (0.56)	0.02	163
其他非金属矿产品制造（26）	0.37 *** (0.09)	1.60 *** (0.37)	0.08	163
化学产品制造（24）	0.33 *** (0.09)	-0.30 (0.30)	0.28	143
杂项制品及废弃资源回收 （36—37）	0.13 * (0.07)	3.94 *** (0.16)	0.02	137
橡胶和塑料产品制造（25）	-0.11 (0.10)	2.30 *** (0.42)	0.01	157
纺织、服装和皮革制造 （17—19）	-0.12 (0.09)	3.90 *** (0.39)	0.02	163
食品、饮料和烟草制造 （15—16）	-0.56 ** (0.25)	2.67 *** (0.54)	0.16	162
炼油及核燃料制造（23）	-1.73 ** (0.73)	5.33 *** (1.68)	0.05	130

注：系数下括号内为标准差，*、**、*** 分别表示10%、5%、1%的显著性水平。

从表 7.2 可以看出，纸制品和印刷品制造业、机械设备制造业、木制品业、基本金属和金属制品制造业、运输设备制造业、其他非金属矿产品制造业、化学产品制造业、杂项制品及废弃资源回收业这 8 个行业 β_1 系数显著大于 0，这意味着在中国制造业对外贸易中，这 8 个行业的相对出口和相对市场大小之间存在显著的正相关关系，即存在"母市场效应"。这也意味着这 8 个行业的内需对出口具有明显促进作用。戴维斯和维恩斯坦（Davis & Weinstein，1999）考察了日本的区域生产结构，发现日本的 19 个制造业部门中有 8 个支持"母市场效应"，这 8 个存在"母市场效应"的部门是：运输设备、钢铁、电子设备、化学产品、精密仪器、非铁金属、纺织业、纸制品业。从对比中我们看到，本文的研究结果和戴维斯和维恩斯坦（Davis & Weinstein，1999）非常的相似，虽然后者考察的是区域层次的贸易，并认为由于区域层次上要素的流动性更强，运输成本更低，使得"母市场效应"在解释区域层次上的贸易更为有效。而本文的研究的是中国与 OECD 国家在制造业上的双边贸易，这似乎说明"母市场效应"在解释中国制造业对外贸易模式上也非常有效。赫德和莱斯（Head & Ries，2002）在理论上探讨"母市场效应"是否广泛存在之后，认为"母市场效应"的存在所依赖的假定并不强烈，规模报酬递增是其存在的必要条件。这样的话，我们似乎可以认为，中国制造业中存在"母市场效应"的 8 个行业是规模报酬递增的。同时在理论上，"母市场效应"的强度依赖于一些重要的参数，如产业的规模经济程度、运输成本、产品差异化程度等。一般而言，规模经济程度高、高的运输成本和产品差异化程度更高产业更容易呈现"母市场效应"（Amiti，1998；Holmes & Stevens，2005；Weder，2003；Hanson & Xiang，2004）。根据汉森和向（Hanson & Xiang，2004），纸制品业、木制品业、钢铁、矿产品、橡胶和塑料等均属于高运输成本的行业，这些行业更倾向于呈现"母市场效应"，或者即使在多产业均存在"母市场效应"的情形下，这些产业呈现出更高的强度。再对照中国制造业中存在"母市场效应"的 8 个部门，不难发现，这 8 个部门几乎都属于高运输成本的行业，所以本文的结论和（Hanson & Xiang，2004）基本是一致的。

橡胶和塑料、纺织、服装和皮革、食品、饮料和烟草、炼油及核燃料的制造这四个部门没有"母市场效应"，其中食品、饮料和烟草、炼油及核燃料的制造这两个部门甚至呈现显著的逆"母市场效应"。一般而言，行业不存在"母市场效应"或者呈现逆"母市场效应"往往源于行业更符合 H–O 理论的相关假定，如规模报酬不变，行业完全竞争，产品同质化等；或者源于国家产品差异化（national product differentiation），产品因产地不同而呈现出差异，产品的差异化不是厂商层面上的，而是国家层面上的（Amington，1969；Feenstra，2001；Head & Ries，2001，2002）。

食品、饮料和烟草行业在中国对外贸易中呈现出显著的逆"母市场效应"，这与芬斯特拉（Feenstra，2001）和舒马赫（Schumacher，2003）的结果吻合，二者的结果均显示该行业呈现逆"母市场效应"。按照他们的解释，食品行业属于资源密集型产业，对禀赋的依赖程度比较高，同时产品的同质化程度较高，一般情况下，在双边贸易中大国应成为该种产品的净进口国。中国人口众多，对食品行业的国内需求巨大，而该行业更符合 H–O 理论不变规模报酬和完全竞争的假定，所以在贸易中净进口该产品，呈现出逆"母市场效应"是符合理论预期的。同时纺织、服装和皮革行业的内需对出口没有促进作用，并呈现不显著的逆"母市场效应"。这不难解释。中国是世界上最大的纺织业生产基地，这与该行业高度劳动密集，同时中国劳动力资源丰富直接相关。但是结合表7.3的各年贸易顺差数据，不难发现，纺织业是中国巨额贸易顺差的最主要来源。这似乎说明，中国的贸易顺差很大程度上不是由于内需的推动作用，而是由于劳动力密集这一比较优势来推动的。中国纺织业出口和内需之间并无直接关系，中国纺织业的出口用 H－O 理论解释似乎更为恰当。这一结果与其他研究（Davis & Weinstein，1999；Hanson & Xiang，2004）有很大区别，原因在于后者研究的是 OECD 国家之间的贸易，在要素禀赋上的差别不大，更符合"母市场效应"存在的相关假定。同时炼油及核燃料制造呈现强烈的逆"母市场效应"也与该行业高度依赖于资源禀赋有关。

表7.3　　　　　　　　　　　各年贸易顺差（亿美元）

年　　份	2002	2003	2004	2005	2006	2007	2008
全国	304.3	254.7	320.9	1020	1774.8	2618.3	2981.3
纺织、服装和皮革制造业	581.8	750.2	902.0	1143	1444.6	1764.5	1972.8

资料来源：中国统计年鉴，2003－2009，历年。

第四节　本章小结

本章提出一个两国，多个规模报酬递增、垄断竞争的产业，单一要素的一般均衡模型，在两国代表性消费者在同一产业上有不同支出份额的假定下，通过对模型的求解，从而建立了行业相对出口和行业相对市场大小之间的关系。通过数值模拟和特定情况的假定，采用2002~2008年中国与 OECD 国家双边贸易 ISIC 两位数面板数据对制造业各行业"母市场效应"的存在性进行检验，由于数据来源不一样，存在几种不同的行业划分标准，文章对几种行业数据进行了对应，统一使用 ISIC/Rev.3 的行业划分标准。检验结果发现纸制品和印刷品制造业、机械设备制造业、木制品业、基本金属和金属制品制造业、运输设备制造业、其他非金属矿产品制造业、化学产品制造业、杂项制品及废弃资源回收业这 8 个行业存在显著的"母市场效应",而橡胶和塑料、纺织、服装和皮革、食品、饮料和烟草、炼油及核燃料的制造这四个行业没有"母市场效应",其中食品、饮料和烟草、炼油及核燃料的制造这两个行业甚至呈现显著的逆"母市场效应"。

本章的工作和第六章基于 HS 码产品的检验存在着很大的不同:首先,两章在理论推导和经验研究上的模型是完全不同的。产品层面的研究假定两国代表性消费者在同一产品上具有相同的支出份额,那么,就可以很方便地使用引力模型进行实证检验,而本章假定两国代表性消费者在同一产品上具有外生给定的不同支出份额,这样在实证检验上则需要使用行业需求数据,通过建立相对出口和相对市场大小的 log 线性关系的模型来进行检验。本章的检验工作相对第六章来说更加切合实际,但是本章在检验中没有控制要素禀赋的影响,而第六章通过纳入人均 GDP 这一变量,控制了贸易国之间禀赋的差异。各有利弊,这取决于研究的目的。其次,两章数据来源上不同。产品层面的研究数据主要来源于中华人民共和国商务部官网,数据口径一致,无须对照和额外的处理工作,而本章 OECD 国家的数据来源于 OECD 数据库,而中国的数据来源于中国统计年鉴,存在行业划分上的不一致,所以必须做出对应工作。再次,贸易伙伴国不同。产品层面的研究考察了几乎与中国在某产品上有较大贸易量的所有国家,而本章只考察了与中国有较大贸易量的OECD 国家。最后,两章的研究结论却是基本一致的。第六章的研究认为,钢铁制品、运输设备、化学产品、各类机械设备产品均存在较强的"母市场效应",这和本章的结论完全一致,同时第六章认为各类纺织品存在微弱的"母市场效应",而本章则认为中国的纺织、服装和皮革制造业不存在"母市场效应",结论也是基本一致的。汉森和向(Hanson & Xiang,2004)认为,即使考察同样的对象,由于检验方法的不同也会导致结论存在很大差别,两章在研究内容、角度、方法和对象上完全不同,但是,得出的结论基本一致,这似乎增强了检验的可信度。

"母市场效应"在中国制造业部门结构的呈现对当前扩大内需的部门结构的政策倾斜具有重要实际意义。不错,内需的部门结构由一定经济发展阶段居民的消费水平和消费结构以及由其引致的生产资料需求结构客观决定的,但是,扩大内需的增量结构同时又可以被引导,甚至用实际的产业政策、财税政策、货币政策和收入分配政策予以刺激的，上述 8 部门"母市场效应"的发现，包括它们属下的子行业，可以为我们的扩大内需同时给出口伴生新的优势提供部门（行业）引导和政策倾斜的对象。比如机械设备制造业包括通用机械设备、办公室会计和计算器械、无线电、电视和通讯设备与装置的制造、医疗器械、精密仪器和光学仪器、钟表的制造等，所有电子产品均属于该部门。它几乎等于一整个机电产品部门，是我们可以重点发展的内需扩大部门。连杂项制品及废弃资源回收业这样的部门，也包括家具，各种文教体育用品等，还包括各种回收利用业。我们的扩大内需与这样的行业有着密切的关系。

本章为"母市场效应"在中国的存在提供了理论检验方面的贡献，前人没做过这件工作。但是本研究更在实践意义的目标上注重发现中国扩大内需与引致出口新优势的部门关联，我们达到了研究目标。

第八章　扩大内需，充分发挥制造业部门 "母市场效应" 的作用

"母市场效应"理论意味着内需对出口的促进作用，这样对于出口导向型增长的国家而言，扩大内需是题中应有之意。而本章以上各章的经验研究证明了中国制造业及其众多子部门对外贸易确实存在着显著的"母市场效应"，而制造业贸易占据了中国对外贸易的绝大部分比重，那么，要发挥中国这样一个巨大市场的优势，必须扩大内需。中国多年的巨额贸易顺差很大程度上来源于劳动力要素这一比较优势，单纯依赖劳动力低成本获取贸易优势是不可持续的，通过扩大内需谋求市场规模优势从而进一步巩固和提高中国在对外贸易中的地位是必然选择。本章将集中探讨中国的内需现状与结构，以期对当前的扩大内需政策提供一些启示。

第一节　中国的内需结构

众所周知，一国的总需求由三个部分组成：消费、投资和出口，三者被形象地称为拉动经济增长的"三驾马车"。这"三驾马车"中，消费和投资构成了国内需求。一般来说，衡量内需结构的指标有两个：投资率和消费率。投资率和消费率是反映投资、消费与经济增长之间关系的最基本的指标，是衡量国民经济中投资和消费所占比重的重要指标。投资率又称资本形成率，是按当年价格计算的资本形成额（固定资本投资额与存货之和）与按当年价格计算的 GDP 比值，其公式为：投资率 = 资本形成额/GDP × 100%。消费率，也称最终消费率，是指按当年价格计算的最终消费在支出法 GDP 中所占的比重，其公式为：消费率 = 最终消费/GDP × 100%。

由公式可以看出，投资率和消费率分别反映了一个国家生产的最终产品用于资本形成额和最终消费的比重。同时，由于资本形成额和最终消费是 GDP 的组成部分，因此资本形成额占 GDP 的比重，以及最终消费占 GDP 的比重，可以直观地体现出投资和消费对经济增长的影响。如果投资率越高，意味着投资在 GDP 中所占的比例越大，投资对经济增长的影响作用也就越大。但并不是说，投资率越高越好，只有适度合理的投资率，才能充分发挥投资对整个经济增长的拉动力。投资率过高，会使当期的投资需求过度膨胀，导致总需求过多地超过总供给，形成通货膨胀；投资率过低，经济的积累能力和经济发展的后劲就会缺乏物质基础。因此，要根据所要达到的经济增长率来确定合理的投资率水平。相反，如果消费率过低，意味着消费在 GDP 中所占的比例较小，消费对经济增长的影响作用不明显。这时，必须提高消费率，才能充分发挥消费对经济增长的推动作用。否则，从长期来看，经济增长将会失去动力和源泉。

改革开放以来，中国 GDP、消费支出和投资的绝对量基本上逐年呈现不断上升的态势。正是由于消费和投资的不断增加，推动了我国经济的飞速增长。但是如果我们考察 GDP 增长率、消费率和投资率逐年的变化趋势，我们对中国经济的周期性波动和内需结构会有更清晰的认识。

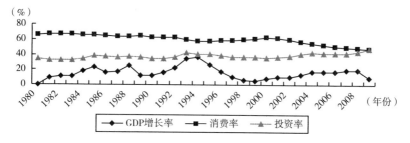

图 8 - 1　GDP 增长率、消费率和投资率逐年变化趋势

图 8 - 1 描绘了 1980~2009 年中国的 GDP 增长率、消费率和投资率的变化趋势。从 GDP 增长率变化趋势我们可以看到，改革开放 30 年来，中国的经济增长出现了几次大的周期性波动，其中，1992~1995 年、1996~2000 年是两次比较长周期的波动，2001~2008 年中国经济保持了平稳快速的增长，2009 年由于金融危机的影响增长明显减缓。总体而言，消费率呈不断下降趋势，由 1980 年的 65.5% 下降到了 2009 年的 48%，下降了 17 个百分点；而投资率呈不断上升趋势，由 1980 年的 34.8% 上升到了 2009 年的 47.7%，上升了 13 个百分点。随着时间的推移，中国的消费率和投资率正越来越接近。

同时我们可以进一步分析消费和投资对经济增长的影响作用。投资和消费对经济增长的影响作用可以用投资贡献率和投资对经济增长的拉动，以及消费贡献率和消费对经济增长的拉动指标表示。投资贡献率 = Δ 投资/ΔGDP × 100%，投资对 GDP 的拉动 = 投资贡献率 × GDP 的增长率 × 100%。投资贡献率、投资对 GDP 的拉动是指投资本身作为需求因素对经济增长的直接贡献，它的含义是投资的贡献在经济增长中所占的比重。投资贡献率大，一方面表明投资对经济增长的拉动作用强；另一方面表明经济增长是靠投资数量增加来实现的，属于粗放型的低质量增长。因此，投资贡献率不是越大越好，而是有一个合理的取值区间。同样，消费贡献率 = Δ 消费/ΔGDP $\times$ 100%，消费对 GDP 的拉动 = 消费贡献率 $\times$ GDP 增长率 $\times$ 100%。这两个指标可以更进一步说明消费需求对经济增长的影响作用。消费的增长直接就是 GDP 的增长，而 GDP 的增长中有多少是靠消费增长实现的，可以通过消费贡献率和消费对 GDP 的拉动体现。表 8.1 描述了 1980～2009 年消费和投资对经济增长的贡献和拉动。

由表 8.1 我们可以看到消费对经济增长的贡献呈现递减的趋势，由 1980 年的 71.8% 下降到了 2009 年的 45.4%，下降了 26 个百分点，同时消费对 GDP 的拉动也在下降；而投资对经济增长的贡献作用显著增大，由 1980 年的 26.4% 上升到了 2009 年的 95.2%，上升了近 70 个百分点，而投资对 GDP 的拉动从 2002 年起已经超过了消费，投资已成为拉动中国经济增长的第一动力。

表 8.1   1980～2009 年消费和投资对经济增长的贡献和拉动

年份	最终消费支出		资本形成总额	
	贡献率（%）	拉动（百分点）	贡献率（%）	拉动（百分点）
1980	71.8	5.6	26.4	2.1
1985	85.5	11.5	80.9	10.9
1990	47.8	1.8	1.8	0.1
1995	44.7	4.9	55.0	6.0
2000	65.1	5.5	22.4	1.9
2001	50.2	4.2	49.9	4.1
2002	43.9	4.0	48.5	4.4
2003	35.8	3.6	63.2	6.3
2004	39.5	4.0	54.5	5.5
2005	37.9	4.3	39.0	4.4
2006	40.0	5.1	43.9	5.6
2007	39.2	5.6	42.7	6.1
2008	43.5	4.2	47.5	4.6
2009	45.4	4.1	95.2	8.7

资料来源：《中国统计年鉴 2010》。

　　以上分析表明，改革开放 30 年来，中国经济一直呈现高投资、低消费并存的局面，中国经济的增长日益依靠投资的拉动，而消费的增长则呈现下降的态势。中国的内需结构不合理，消费和投资比例严重失衡。在高投资率的情况下，经济增长主要靠投资拉动，在短期内能产生明显作用，但若没有充足的消费作支撑，投资规模的进一步扩大就会受到制约，有可能造成经济的大起大落，带来生产能力的闲置浪费，导致投资效益的大大降低。从长期看，投资转变为新增生产能力，扩大了社会供给，所以长期依赖投资拉动经济增长，势必就形成大量的供给能力，而如果消费不能够保持相适应的增长，生产过剩的风险就会出现。消费的不足导致的内需结构失衡实质上也是内需不足的表现。内需不足，我们就难以充分发挥中国制造业"母市场效应"的作用，将制造业部门的内需转化为出口优势。所以必须改善内需结构不合理这一局面，将扩大内需的重点放在提高居民消费水平上。

第二节　消费不足成因分析

　　表 8.2 描述了 1990～2009 年城乡居民收入及消费情况。

表 8.2　　　　　　　　1990～2009 年城乡居民收入及消费情况

年份	城镇居民			农村居民			GDP 增长率（%）
	人均可支配收入（元）	收入增长率（%）	消费水平（元）	人均可支配收入（元）	收入增长率（%）	消费水平（元）	
1990	1510.2	—	1596	686.3	—	560	—
1991	1700.6	12.6	1840	708.5	3.2	602	16.7
1992	2026.6	19.2	2262	784.0	10.6	688	22.1
1993	2577.4	27.2	2924	921.6	17.6	805	34.0
1994	3496.2	35.6	3852	1221.0	32.5	1038	36.0
1995	4283.0	22.5	4931	1577.7	29.2	1313	25.9
1996	4838.9	13.0	5523	1926.1	22.1	1626	17.3
1997	5160.3	6.6	5823	2090.1	8.5	1722	10.1
1998	5425.1	5.1	6109	2162.0	3.4	1730	6.0

续表

年份	城镇居民			农村居民			GDP 增长率（%）
	人均可支配收入（元）	收入增长率（%）	消费水平（元）	人均可支配收入（元）	收入增长率（%）	消费水平（元）	
1999	5854.0	7.9	6405	2210.3	2.2	1766	5.3
2000	6280.0	7.2	6850	2253.4	2.0	1860	8.4
2001	6859.6	9.2	7161	2366.4	5.0	1969	10.4
2002	7702.8	12.3	7486	2475.6	4.6	2062	10.4
2003	8472.2	10.0	8060	2622.2	5.9	2103	13.3
2004	9421.6	11.2	8912	2936.4	12.0	2319	17.5
2005	10493.0	11.4	9644	3254.9	10.8	2579	17.7
2006	11759.5	12.1	10682	3587.0	10.2	2868	17.2
2007	13785.8	17.2	12211	4140.4	15.4	3293	19.0
2008	15780.8	14.5	13845	4760.6	15.0	3795	19.6
2009	17174.7	8.8	15025	5153.2	8.2	4021	9.6

资料来源：根据《中国统计年鉴2010》计算整理。

通过表8.2我们可以看到，无论是城镇居民还是农村居民，1990~2009年这20年来，消费水平都有大幅度的提高，其中城镇居民的消费水平2009年在1990年的基础上提高了9.4倍，而农村居民的消费水平2009年在1990年的基础上提高了7.2倍。同时这20年来，城镇居民的平均消费倾向为0.98，农村居民的平均消费倾向为0.81。中国居民的消费水平不断提高，而且无论是城镇居民还是农村居民都具有极高的消费倾向，为什么在内需结构中消费反而显得严重不足？本章认为其主要原因在于居民收入的增长速度远远落后于GDP的增长速度，特别是占人口绝大多数的农村居民的收入增长速度过慢，从而抑制了消费，导致多年来中国的消费率呈递减的趋势。

图8-2描绘了城乡居民收入增长率和GDP增长率变化趋势。和GDP增长趋势相似，这意味着中国居民的收入确实随着经济的周期性波动而波动，而且从长期看，中国居民的收入水平呈现明显的递增趋势。但是，无论是城镇居民还是农村居民，除个别年份外，其收入的增长速度均低于GDP的增长速度，特别是占人口绝大部分比重的农村居民，其收入增长速度远远落后于经济增长速度，这似乎说明中国居民的生活水平并没有随着经济的增长保持

同步增长，而呈现明显的滞后。居民收入的增加速度长期落后于经济增长速度，说明消费能力的提升速度赶不上市场供给的速度，消费需求必然持续走低，这必然导致内需结构的失衡。所以本章认为，要真正改善中国的内需结构失衡问题，要把扩大内需的重心转向提高居民的消费水平上，而提高消费的落脚点在于城乡居民的增收问题，使收入的增加和经济的增长保持同步，特别是要增加占人口绝大部分比重的农村居民的收入。

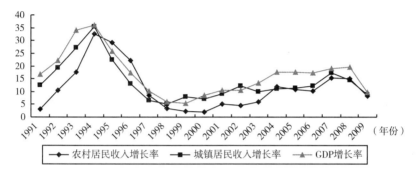

图8－2 城乡居民收入增长率和GDP增长率变化趋势

第三节 消费结构分析

通过前面几章的研究，我们发现，存在"母市场效应"的行业的一些产品基本上属于耐用品和高档消费品，如机械设备制造业在本章的研究中几乎包含了所有电器电子产品和通信设备，交通运输设备制造业包含了汽车，杂项制品中包含了文教体育用品和家具等，化学产品中包含了医药等。要了解中国居民对这些高档耐用品的消费情况，我们需要分析中国居民的消费结构。

表8.3描述了中国城乡居民的恩格尔系数。

表8.3　　　　　　　　　中国城乡居民的恩格尔系数

年 份	2000	2001	2002	2003	2004	2005	2006	2007	2008	2009
城镇居民（％）	39.4	38.2	37.7	37.1	37.1	36.7	35.8	36.3	37.9	36.5
农村居民（％）	49.1	47.7	46.2	45.6	47.2	45.5	43.0	43.1	43.7	41.0

资料来源：中国统计年鉴，2010。

从表8.3我们可以看到，中国城乡居民的恩格尔系数从2000年开始正逐步下降，这说明改革开放以后，随着中国城乡居民可支配收入的提高，人们对食品等生活必需品的消费比例在逐步降低，从而对高档品，奢侈品的消费比例在不断提高。这非常有利于中国制造业"母市场效应"的充分发挥。但是，我们也应该看到，农村居民的恩格尔系数远远高于城市，这也说明农村居民的生活水平仍然相当的低，城乡差距仍然很大，从表8.4我们也可以看到，平均下来，城镇居民的收入是农村居民的3倍多。

表8.4、表8.5描述了2008年中国城乡居民的人均收入，消费支出构成及耐用品的消费情况。中国居民总体人均收入和发达国家相比固然相当低，但让我们惊叹的是城乡人均收入水平差距非常悬殊。同时中国城乡居民消费支出主要还是衣、食、住等这些生活必需品，对于耐用品的消费还是很低，不少耐用品和高档奢侈品在城市居民中有一定的消费量，但在农村居民中没有消费或者消费极低。而这些生活必需品的消费即使扩大，根据本章的研究，其对出口并无促进作用，相反由于这些行业的高度劳动密集，反而呈现逆"母市场效应"。所以要充分发挥扩大内需拉动经济增长的作用，关键还是要刺激居民对耐用品的消费。这样就会形成居民消费增长与国民经济增长之间的良性循环。中国居民特别是农村居民对耐用品的消费比例很低，而农村人口占据了中国人口绝大部分比重，这导致中国总体对耐用品的消费比例很低。根源在于工资水平低，和分配制度的不合理。工资水平太低，分配制度不合理导致技术进步所带来的经济剩余只是被少数人占有，实际是富裕了一部分人，这样，部分高收入者消费耐用品和高档奢侈品，国内消费市场仍然处于萎缩状态。工资水平太低，不利于企业采用先进技术，多用低成本的劳动力，发展劳动密集型产业，也不利于产业结构的升级。

表8.4　　　　　　　　　　2008年城乡居民人均收入及消费构成

人均收入及支出	人均收入（元）	食品（%）	衣着（%）	居住（%）	家庭设备用品及服务（%）	医疗保障（%）	交通通信（%）	教育文化娱乐及服务（%）	杂项商品与服务（%）
城镇居民	15780.8	37.89	10.37	10.19	6.15	6.99	12.60	12.08	3.72
农村居民	4760.6	43.67	5.79	18.54	4.75	6.72	9.84	8.59	2.09

资料来源：中国统计年鉴，2009。

表 8.5   **2008 年城乡居民每百户耐用品消费量**

耐用品	摩托车（辆）	洗衣机（台）	电冰箱（台）	彩电（台）	组合音响（套）	照相机（架）	空调（台）	热水器（台）
城镇居民	21.39	94.65	93.63	132.89	27.43	39.11	100.28	80.65
农村居民	52.45	49.11	30.19	99.22		4.43	9.82	

耐用品	家用电脑（台）	摄像机（架）	微波炉（台）	健身器材（套）	移动电话（部）	固定电话（部）	家用汽车（辆）	
城镇居民	59.26	7.12	54.57	3.95	172.02	82.01	8.83	
农村居民	5.36				96.13	67.01		

资料来源：中国统计年鉴，2009。

总的来看，中国居民的消费结构正不断优化，对生活必需品的消费比例在不断降低，同时对耐用品的消费比例正不断提高。但是由于城乡收入的巨大鸿沟，导致了城镇居民和农村居民在消费结构上存在巨大差异，农村居民对耐用品消费太少，这非常不利于制造业部门"母市场效应"的发挥。

第四节　对当前扩大内需政策的一些思考

国务院 2008 年提出扩大内需的十项措施，其中第八项"提高城乡居民收入"本章认为尤为重要。目前我国扩大内需的思路侧重于刺激城乡居民扩大消费支出、减少储蓄比例，而本章的研究发现，中国城乡居民的平均消费倾向相当的高，消费不足的原因不在于人们不消费、倾向于储蓄，根本原因在于中国城乡居民的收入增长速度过慢，落后于经济增长速度，从而消费持续走低，从而导致内需结构长期失衡。本章认为，扩大内需的一个根本原则，就是要形成居民消费增长与国民经济增长之间的良性循环；而扩大居民消费增长的关键，是增加就业和提高工资水平。反之，不能扩大就业的 GDP 增长，以及虽然能够增加就业，但平均工资水平仍然处于较低水平的，则不能起到扩大消费的目的。即使由于基础设施项目刺激，拉动了国民经济和就业增长，但若就业仅局限于低工资水平的体力劳动范畴，而知识技术密集型产业不能得到发展，则扩大就业很难起到扩大内需的效果。因此，应把扩大就业特别是提高居民收入水平，当成扩大内需的关键因素。

同时应把消除贫富差距作为扩大内需的战略手段。贫富差距过大，耐用品的消费主要集中于少部分人群，这不利于发挥耐用品行业"母市场效应"的作用。要让占人口绝大部分比例的农村居民也具有对耐用品的消费能力。解决中国居民的消费需求增长问题，根本上需要依靠消除贫富差距，使广大的城乡居民能够公平地分享改革开放成果。可以通过法律措施，提高体力劳动者的最大工资水平，使广大的体力劳动者能与脑力劳动者获得相当的收入水平；着力推进政府公共服务的均等化，消除行政等级和城乡身份形成的巨大鸿沟，使公共服务能够均匀地惠及全部城乡居民；同时完善税收体系，调节收入分配。

在具体操作上，本章认为尤为重要的是加大财政对"三农"投入力度，启动农村消费市场。财政是国家宏观调控的必要手段，也是统筹城乡经济社会协调发展的重要财力保障。过去长期以来由于受国家经济发展战略和宏观政策的影响，财政政策及其财力分配存在一个重大缺陷，不仅农业的生产性投入不足，而且农村的社会性投入更为匮乏，由此导致农村公共产品供给不足，农村发展滞后，这是我国长期以来城乡二元制结构得以固化的一个关键性原因。因此，今后为了贯彻落实好中央提出的城乡统筹发展的原则精神，防止城乡差距的过度扩大，必须调整和改变现行财政分配不合理的现状，切实加大对"三农"投入的倾斜力度，要让公共财政阳光逐步覆盖到农村。我国财政的改革发展目标是建立公共财政体系，其实质是要求新时期的财政政策和财力投入向各类地区提供基本公共产品，向各类社会阶层提供公共服务，并支持国家重要产业的发展。鉴于农业的基础性和弱质性，农民是我国最大的弱势群体，以及农村公共产品的严重缺失，因此，让公共财政阳光逐步覆盖到农村，这与中国财政未来改革目标是完全一致的，也是国家财政应该履行的重要职责。

第五节　本章小结

扩大内需是"母市场效应"理论本身所蕴含的经济政策。本章对中国的内需现状和内需结构进行了较为全面的考察。通过对消费率和投资率的分析，以及消费和投资对国民经济增长的贡献率分析，我们发现，中国的投资率逐年呈上升的态势，而消费率则持续走低，投资已成为中国经济增长的第一推动力，这充分表现出中国消费不足所导致的内需结构失衡问题。同时本章也分析了消费不足的成因，本章认为消费不足的根本原因在于中国居民收入的增长速度过慢，远低于经济增长速度，从而导致供给过剩而消费跟不上。本章对消费结构的分析表明，中国居民随着收入水平的提高，对耐用品高档品的消费比例在逐步提高，这对制造业部门"母市场效应"的发挥非常有利，但是城乡收入差距过大，农村居民对耐用品的消费仍然很少，这是不利因素。最后本章对当前的扩大内需政策提出了一些思考，认为扩大内需的关键是刺激消费，而刺激消费的关键在于城乡居民的增收，特别是农村居民的增收，缩小城乡差距，通过财政调节收入分配同时加大对"三农"的投入力度。这样我们才能通过内需的扩大，使中国在国际贸易中真正发挥市场规模的比较优势。

第九章 "母市场效应"与区域
不平衡的内生性

新古典增长理论认为，随着经济一体化程度的加深，贫穷区域的要素报酬和收入水平会向富裕区域不断收敛（Solow，1956）[1]。从斯密、李嘉图到俄林，空间（区域）的异质性对生产和贸易的影响得到了广泛的考察，比较优势带来的产业发散力似乎广为人知：自然资源、技术要素的空间分布决定了经济活动的区位，每个国家会从事自身具有比较优势产品的专业化生产，出口自身具有比较优势的产品，区域间最终会呈现人均收入水平的收敛（Ohlin，1933）[2]。而现实情况却恰恰相反：空间结构的变化显示出经济发展的团块结构，远远不是经济活动平稳的收敛，发展呈现出高度的空间差异。在欧盟，尽管欧盟在区域协调发展问题上投入很多，但却经历着持续的区域不平衡，而且更令人担忧的是，这种不平衡似乎带来了一个中心—外围模式，靠近欧盟中心的区域要比外围区域发展状况好很多。这种现象在一些大的发展中国家表现更加明显，比如中国、墨西哥和印度。在墨西哥，制造业高度集中于和美国接壤的那些区域，从 20 世纪 80 年代开始，人均收入水平的空间不平衡急剧增加。在中国，改革开放以来，伴随着经济高速增长的同时，区域间收入差距呈现先短暂下挫、后持续上扬的趋势（张吉鹏、吴桂英，2004），同时从 80 年代中期起，沿海省份农业的就业和产出份额大幅度下降，而人均收入水平大幅度增长，沿海与内地的收入鸿沟正不断扩大。在印度，南部区域在制造业和服务贸易方面表现突出。传统理论对区域不平衡的上升缺乏足够的解释力，面对现实世界中的广泛存在的产业内分工和贸易、区域外生特质高度相似，而发展程度却呈现巨大差异等问题力不从心（Ottaviano，2003）。

新贸易理论（NTT）和新经济地理学（NEG）对区域不平衡问题提供了富有竞争性的解释，这源于克鲁格曼（Krugman，1980，1991）的开创性贡献。克鲁格曼（1980）在 D－S 垄断竞争模型的基础上建立了基于规模经济和不完全竞争的一般均衡模型，从而将规模经济作为贸易的重要动因以正式

① 新古典增长模型是建立在完全竞争、同质化产品和非规模报酬递增假定上的。在技术外生的情况下，资本报酬递减规律是这样的：由于落后国家人均资本更少会有更高的资本报酬，从而会有更高的资本积累速度，由于要素的流动性导致其相对于发达国家来说呈现更高的经济增长速度。

② 比较优势理论在规模报酬不变、完全竞争和产品同质化的假定下，导出了区域间生产的竞争性均衡，厂商在区域间是分散的，比较优势的"第一性"是一种导致厂商分散生产的"离心力"，这种离心力会使得区域间收入水平呈现收敛。

的模型加以表述。同样基于规模经济和不完全竞争，克鲁格曼（1991）建立
了厂商区位决策的一般均衡模型，探讨了规模经济和贸易成本的相互作用所
形成了空间图景：一个中心—外围模式（core - peripheral）。大国会成为制造
业集聚的中心，而与之进行贸易的小国则处于生产的外围。相对于传统的比
较优势理论，NEG 模型的"第二性"摒弃了所有外生的"第一性"① 的因
素，将厂商区位决策问题内生化了，规模经济和贸易成本的相互作用产生的
集聚力拉大了区域间收入差距，导致区域不平衡。

目前学界对内生的区域发展不平衡的研究主要分成两条路径：一是从
NTT 的角度考察贸易开放度和 FDI 对区域不平衡的影响（Venables，2005；
Ge，2006；Amiti & Javorcik，2008；Cosar & Fajgelbaum，2013），二是从 NEG
的角度考察产业集聚与区域不平衡发展的关系（Venables，1996，Fujita，
Krugman & Venables，1999；Baldwin et al，2001；Ottaviano，2003）。本章的
目的在于整合这两条路径，采取更加直观的视角和工具去分析区域不平衡的
内生性问题，而这一视角和工具正是克鲁格曼（1980）模型的重要结论——
"母市场效应"。本章接下来是这样安排的：第一节分析"母市场效应"与区
域不平衡的传导机制；第二节探求决定"母市场效应"强度的因素，从而寻
求决定区域不平衡程度的微观经济变量；第三节探讨对"母市场效应"与第
一性的比较优势经验上的区分；第四节探讨"母市场效应"所带来的区域福
利和政策含义；第五节进行简要评论。

第一节 "母市场效应"与区域不平衡的传导机制

众所周知，在规模报酬不变或递减的情况下，一国会倾向于进口那些具
有较大国内需求的产品。然而林德（Linder，1961）认为，在规模报酬递增
的情况下，如果一国对某种产品具有较大的国内需求，那么该国会成为该种
产品的净出口国。随后克鲁格曼（1980）对上述论断以正式的模型加以表
述，提出了"母市场效应"理论，"母市场效应"是指在一个存在报酬递增

---

① 第一性指的是某些区域先天的在禀赋或者地理位置（靠近江河、沿海、港口、边境等）上的
优势（Venables，2005）。

和贸易成本的世界中，那些拥有相对较大国内市场需求的国家将成为净出口国，其存在源于厂商靠近需求与节约运输成本的理性选择，20世纪80年代以后，克鲁格曼一直在他后来的研究文献中运用这个概念。后来克鲁格曼（1991）在其新经济地理学模型中将"母市场效应"与厂商的区位决策结合在一起，认为"母市场效应"是指"大国有更多的厂商和更高的工资水平"，其存在是导致厂商空间集聚的必要条件，强烈的"母市场效应"会导致中心－外围模式的形成。随着NTT和NEG的不断交叉融合，"母市场效应"已成为新贸易理论和新经济地理学的基石（Head et al，2002）。"母市场效应"的直接后果是厂商在空间的集聚，而且"母市场效应"越强，规模经济的作用就越强，产业集聚的程度就会越高，而产业的集聚进一步提高了区域工资水平，刺激了需求，进而导致更强的"母市场效应"，他们的关系正是循环累积因果原理①（Myrdal，1957）所要表达的，这说明积聚力量是自我强化，自我实施的。"母市场效应"导致的产业在空间的集聚进而在以下两个层面上导致了区域不平衡发展。

一、"母市场效应"导致区域间产业结构的差异

"母市场效应"导致了区域间产业结构的差异，而这一差异会导致区域不平衡。在两区域多部门模型的假定下，大量经验研究文献证明了区域专业化生产和产业集聚的存在。阿米蒂（Amiti，1998）的理论模型显示，在贸易成本适度时，大国会从事资本密集型产品的专业化生产，小国会从事劳动密集型产品的专业化生产，大国会拥有更多差异化产品的生产厂商；同时其也从实证上考察了欧盟国家的产业结构和贸易模式，结果显示，欧盟国家专业化生产程度和产业集中程度都在不断提高。虽然杨（Young，2000）认为区域保护导致了中国国内市场的分散和区域间生产结构的复制，区域间专业化生产程度低，但大多数经验文献还是认为随着时间的推移，中国的区域专业化生产和产业集聚程度正不断提高，白等（Bai et al，2004）认为，虽然区域保护可能使得产业集聚程度下降，但总体而言，产业集聚程度还是增强了，而且大量的研究显示中国

---

① 这一特征并不是NEG模型特有的，只要是存在区位外部经济的模型（技术上的或者金钱上的）都会呈现循环因果，互相强化。

的制造业正不断向东南沿海集聚，对外贸易是导致中国区域不平衡发展的关键因素（Gao，2003；Wen，2004，Ge，2006，Cosar & Fajgelbaum，2013；等等）。当然，区域间生产结构的差异不一定就能自动转化为区域间收入水平的差异，要素的自由流动可能会消除掉区域间要素价格的差异（Fujita et al，1999），但是只要要素市场是分散的，产业空间分布的不平衡就会导致区域收入水平的差异。众多文献研究了中国要素市场分散的现象，比如布瓦罗德布雷和魏（Boyreau-Debray & Wei，2005）认为地方政府的干预和资本的误配置导致了中国资本市场的分散，中国的户籍制度导致的劳动力市场的分散和不流动性也得到广泛的考察，普遍观点认为户籍制度控制移民的功能并未从根本上改变，只要劳动力的流动仍然受到政府限制，产业集聚的速度超过人口流动的速度，区域不平衡程度就会上升（Ge，2006）。

二、"母市场效应"导致区域间部门内生产力水平的差异

"母市场效应"通过拉大区域间同部门生产力水平的差异，导致区域不平衡。对美国和欧盟的研究显示，大部分区域不平衡来自于部门内生产力水平的差异（Ellison & Glaeser，1997；Kim，1995；Midelfart-Knarvik et al，2000a），传统研究集聚经济的经验文献认为，集聚会提高当地生产力水平（Henderson，2003）、促进就业增长（Glaeser et al，1992；Henderson et al，1995）、导致区域间工资水平的差异（Wheaton & Lewis，2002）、导致土地租金的不平衡（Dekle & Eaton，1999）。

随着新新贸易理论的兴起，近年来，学者们就集聚对部门内生产力水平的影响进行了广泛的考察。[①] 传统意义上，如果一国的某个产业相对于贸易伙伴来说更强，或者更弱，则称该国在产业上具有比较优势或者比较劣势，意味着该产业的生产成本相对于贸易伙伴来说更低或者更高。随着贸易自由化程度的加深，具有比较优势的产业会不断扩张，而具有比较劣势的产业则不断萎缩，导致了经济活动不平衡的空间分布。近年来，这种"产业视角"受到"厂商视角"的挑战。在同样的产业内部，有些厂商不能够应付国际竞

---

① 这种考察基本上是在新新贸易理论异质性厂商，两区域单部门模型的框架下进行的。

争，而另外一些厂商则可以。市场份额和生产资源的产业内再分配相对于比较优势促动的产业间再分配来说，要显著得多。2003 年，梅里兹（Melitz）在克鲁格曼（1980）模型的基础上引入厂商异质性，考察了贸易对产业内再分配和总产业生产力的影响。梅里兹（Melitz, 2003）的模型显示，国际贸易使得生产效率更高的厂商从事出口品的生产，而生产效率低的厂商则重在满足国内需求，导致生产效率最低的厂商退出国际贸易。经济一体化程度的加深会使得资源流向更富有生产效率的厂商，这种资源的产业内再分配方式会提高产业总的生产力水平。厂商异质性程度对积聚力量的影响也得到了一些讨论：鲍德温和奥库博（Baldwin & Okubo, 2004）将 NEG 模型与异质性厂商的梅里兹垄断竞争模型结合起来，其模型显示，NEG 模型关于同质化厂商的假定要么是不必要的，要么是有害的；生产效率高的厂商倾向于集聚在大的区域，这对经验研究和政策分析提供了饶有兴趣的结论。同时，从前的经验研究过高估计了积聚力量，而"筛选效应"导致生产效率高的厂商向中心地带集聚，而生产效率低的厂商则集聚在外围，厂商异质性是作为一种产业发散力而存在的。奥库博（Okubo, 2009）将产业纵向联系、异质性厂商和出口固定成本同时纳入考虑，研究贸易成本的降低对制造业地理集中的影响。研究发现，存在出口固定成本的厂商异质性通过削弱纵向联系，强化市场拥挤效应，阻碍了制造业的完全集聚。和中心 - 外围模型揭示的突然集聚不同，贸易自由化导致厂商的逐渐集聚。贸易自由化会导致中心区域福利的上升，外围区域福利的下降。奥库博（Okubo, 2010）利用日本的制造业数据从经验上考察了厂商的生产力分布如何随着区域而变化。其研究证实了在中心区域有更高的平均生产力水平，但是在中心区域也广泛存在不同生产力水平的厂商。其研究显示，异质性厂商也有可能都集聚在同样的区域。菲尔博梅伊和荣格（Felbermayr & Jung, 2012）在梅里兹（2003）的框架下建立了一个单部门，异质性厂商的一般均衡模型，从理论上探讨了产业内"母市场效应"的存在导致的收入在产业内的再分配效应。其模型显示，更低的贸易成本和更高的厂商异质性会强化"母市场效应"，从而加剧区域在部门内收入的不平衡。根据现有的研究，厂商异质性改变了 NEG 模型的主要特征[1]。

---

① 鲍德温等（Baldwin et al, 2003）提出了 NEG 模型的几个特征："母市场效应""循环累积因果""内生的非对称性""突然集聚""路径依赖""驼峰型集聚租金""自我实现的预期"。

NEG 模型显示的突然集聚、完全集聚特征在有了厂商异质性后转变为逐渐集聚、不完全集聚，使得厂商在空间的分布变得分散开来。但同时，厂商异质性引起市场份额和资源的产业内再分配，使得生产力水平高的厂商集聚在中心区域，生产力水平低的厂商集聚在外围，导致区域间同部门生产力水平的巨大差异，加剧了区域不平衡。

综上所述，"母市场效应"直接导致了厂商在空间的集聚，而这一集聚又导致了区域间产业结构和同部门生产力水平的差异，此二者共同导致了区域间收入水平的差异，引起区域不平衡发展。

第二节 决定区域不平衡程度的微观经济变量

由于"母市场效应"导致了内生的区域不平衡，而且由于其强度决定了积聚力量的强度，从而也决定了区域不平衡的程度，那么我们在考察决定区域不平衡程度的因素时，只需要考察是哪些变量决定了"母市场效应"的强度即可。使得"母市场效应"更加强烈的因素同样加剧了区域不平衡；使得"母市场效应"弱化的因素也在一定程度上缓解了区域不平衡。显然，贸易成本是决定区域不平衡的主要变量，当然区域不平衡的演化还取决于行业特征，这些特征也取决于一些重要的微观经济变量，如行业运输成本、产品差异化程度、规模经济程度等。

一、贸易成本

贸易成本是决定区域不平衡的重要微观经济变量。赫德和莱斯（Head & Ries，2001）建立了一个产量份额和需求份额线性关系的一般化模型，并将贸易障碍纳入这一关系，从而推导在规模报酬递增和国家产品差异化情形 HME 的存在性。其产量份额和需求份额线性关系如下式：

$$shr(v) = \frac{b^2 - 1}{[b + an/n^*][b + n^*/an]} shr(E) + \frac{1}{1 + (bn^*)/an} \quad (9.1)$$

式中 $shr(v)$ 代表差异化产品的产量份额，$shr(E)$ 代表差异化产品的需求份额，b 代表两国的贸易障碍，a 代表国家间的对称性，在两国完全对称时有 a = 1，同时 $n/n^* = v/v^* = shr(v)/[1 - shr(v)]$，这样（9.1）式转化为

$$shr(v) = \frac{b+1}{b-1}shr(E) - \frac{1}{ab-1} \qquad (9.2)$$

由（9.2）式可以看到，斜率$(b+1)/(b-1)$决定了 HME 的强度，斜率越大意味着 HME 越强。令 $s = (b+1)/(b-1)$，则有

$$\frac{ds}{db} = \frac{-2}{(b-1)^2} \qquad (9.3)$$

由（9.3）式可以看到，斜率和 b 值存在负相关关系，而 b 值越小，则意味着贸易障碍的削弱，反之，则意味着贸易障碍的增强。这说明，贸易障碍的降低会导致更强的"母市场效应"。这意味着随着一体化程度的加深，"母市场效应"的作用将更加明显，产业集聚的倾向更加强烈，这会加剧区域间不平衡发展，这与众多 NEG 文献的结论基本上是一致的①。

二、行业运输成本和产品差异化程度

汉森和向（Hanson & Xiang，2004）探讨了"母市场效应"如何随着行业特征的不同而呈现强度上的差异，这里要考察的行业特征是运输成本和产品差异化程度。其结论是："母市场效应"会随着产业间运输成本和替代弹性的不同而呈现强度上的差异，高的运输成本，低的替代弹性（产品差异化程度高）的产业会呈现更强的"母市场效应"，这也意味着这些行业存在更高的集聚程度。阿米蒂（Amiti，1998）的两个规模报酬递增产业的一般均衡模型得到了和汉森和向（2004）相同的结论。阿米蒂（1998）在假定两产业具有相同的要素密集度和相同的产品替代弹性后，认为大国将从事相对更高

---

① 在 NEG 模型里，随着经济一体化程度的加深，贸易障碍不断削弱，极大地改变了厂商在空间的分布，从而呈现出区域不平衡随着贸易成本变化的演化过程，众多研究显示贸易成本和产业集聚之间存在倒 U 型关系（Krugman，1991；Krugman and Venables，1995、Venables，1996；Puga，1999；Takahashi et al，2011 等）。当经济一体化程度比较低时（贸易成本很高），厂商会选择当地市场，使得产业发散开来，当贸易障碍逐步降低，经济一体化程度增强时，厂商为利用规模经济会选择在需求较大的地方生产，导致中心 - 外围模式的形成。

的运输成本的产品的专业化生产，小国从事相对更低的运输成本的产品的专业化生产。这样大国将会成为高运输成本产品的净出口国，而小国将成为低运输成本产品的净出口国，这也说明在其他条件一样时，高运输成本的产业将呈现更强的"母市场效应"和更高的集聚程度①。同时阿米蒂（1998）也认为，在两产业具有相同的要素密集度和运输成本时，替代弹性低（产品差异化程度高）的产品生产厂商会更多集中于大国，这样大国成为低替代弹性产品的净出口国，小国成为高替代弹性成品的净出口国②。这说明行业有更高的运输成本和更高的产品差异化程度时，会呈现更加强烈的"母市场效应"，从而使得产业集聚倾向更加强烈，加剧区域不平衡发展。

三、规模经济程度

克鲁格曼（Krugman，1991）认为高的规模经济程度是区域收入发散的必要条件。韦德（Weder，2003）探讨了两国在某产业上的相对出口和产业规模经济程度的关系，其利用替代弹性来作为衡量规模经济程度的逆指标，结果导出，相对出口和替代弹性存在负相关关系，这说明高规模经济程度的产业倾向于集中在大国。霍姆斯和斯蒂文斯（Holmes & Stevens，2005）提出一个多产业单要素模型，这些产业在其他方面如运输成本，产品替代弹性等都是一样的，仅在规模经济程度上存在差异，即规模报酬不变产业和规模报酬递增产业之间存在许许多多中间类型。其主要是要探讨行业规模经济程度的差异如何影响到了贸易模式。结果发现，如果假定规模报酬不变的产业和较低的规模经济程度的产业与其他产业存在相同的贸易成本，那么这样的产业将没有贸易；贸易只发生在规模经济程度中等或程度较高的产业，大国将

---

① 这在直觉上很好理解，高运输成本产品的生产厂商在进行区位选择时，肯定会倾向于选择在大国生产，这样可以节约运输成本，相较而言，低运输成本产品的生产厂商选择在大国生产的积极性就不够，因为节约的运输成本往往不足以弥补在大国生产面临的更高生产成本和更多厂商的激烈竞争。所以均衡时，大国必然有更多的高运输成本产品的生产厂商，从而导致大国成为该种产品的净出口国。

② 这也很好理解，因为价格是边际成本上的一个上升额，低替代弹性的产品相对于高替代弹性的产品会有更高的价格。这样，具有更高价格的产品的生产厂商肯定会更倾向于在大国生产，这样可以获得更多的国内消费者，从而使销售收入更大。

会成为高规模经济程度产品的净出口国，而小国将会成为中等程度规模经济产品的净出口国。这说明行业更高的规模经济程度会导致更加强烈的"母市场效应"，使得产业集聚倾向更加强烈，加剧区域不平衡发展。

综上所述，贸易成本、决定行业特征的规模经济程度、行业运输成本和产品差异化程度等重要变量影响到了"母市场效应"的强度，从而决定了区域不平衡的程度。

第三节　区域不平衡的成因：比较优势还是"母市场效应"？

随着经济一体化程度的加深，贸易成本的不断下降，比较优势和"母市场效应"共同决定了经济活动的空间分布。虽然空间（区域）异质性，不平衡的自然资源的地理分布在解释大城市的兴起和一国内部区域不平衡以及国家之间发展不平衡上缺乏力度，但这并不意味着比较优势对厂商区位决策的影响不大。实际上佛斯里德和伍顿（Forslid & Wooton，2003）认为，即使在国际劳动力流动的情况下，贸易自由化也会导致生产根据国家间的比较优势结构而呈现集中和分散。同时艾比法尼（Epifani，2001）两种生产要素的纵向联系模型也显示要素密集度对厂商区位决策的重要性。而且维纳布尔斯（Venables，2005）认为比较优势在分析中国沿海相对于西北区域的差距、分析墨西哥边界区域相对于南部区域的差距上具有很强的解释力。阿米蒂（Amiti，2005）认为如果贸易成本变得很低的话，区域间会呈现出根据比较优势而来的完全专业化生产，这一模型能够很好地解释当前亚洲的一些现象。祁飞（2011）考察了中国对外贸易模式，其认为中国制造业出口既有比较优势的动因，又有规模经济的动因，但比较优势的作用更加强烈。克萨和费根鲍姆（Cosar & Fajgelbaum，2013）利用产业水平的数据考察了中国的专业化生产模式，其分析结果显示，对外贸易是中国产业区位选择的重要因素，其认为规模经济和区域间生产力水平的差异并不能完全解释中国的专业化模式，比较优势依然重要。

区域不平衡的产生到底是由外生的区域比较优势引起的，还是由于内生的"母市场效应"引起的？经验研究上，学界对这一问题的回答分成了两条路径：首先，循着克鲁格曼（1980）的路径直接考察行业需求和产量之间的关系，通过检验"母市场效应"的存在性将比较优势和规模报酬递增区分开来（Davis & Weinstein，1999，2003）；其次，在建立区域收入函数时，将区域特征（区域比较优势）和行业特征（规模经济程度、行业运输成本和产品差异化程度、行业间的纵向联系等）共同纳入考虑，去检验发散和集聚这两种力量的强度，从而将比较优势和"母市场效应"区分开来（Haaland et al.，1999；Midelfart-knarvik et al，2000a）。

第四节 "母市场效应"带来的区域福利和政策含义

一、福利含义

"母市场效应"影响到经济活动的空间分布，这种分布既能影响到一个区域的总财富；也影响到了财富在区域间的分配，导致区域不平衡。由于在中心–外围模型中，要素价格均等，这使得分配效率不是很清楚。比如阿米蒂和约沃斯科（Amiti & Javorcik，2008）探讨过产业集聚的福利含义，认为产业集聚程度的不断提高增加了进口品种多样性，这样贸易自由化会提高消费者的福利水平。布罗达和维恩斯坦（Broda & Weinstein，2006）估计了美国 1972~2001 年进口品种增加给消费者带来的福利效应，并认为这一效应占到了 GDP 的 2.6%。关于集聚如何影响到了资源的配置效率确实很难作出判断，因为是模型中既可能出现对称性均衡，也可能出现中心–外围模式，而且对称性均衡和中心–外围模式有可能同时出现。但一般而言，中心外围模式的均衡是无效的，而对称性均衡似乎往往有效。维纳布尔斯（Venables，2005）认为"第二性"的积聚力量与市场失灵有着内在的联系，所以均衡的城市结构很可能是无效率的，正如增长会形成经济的空间结构，而空间结构也会影响到增长过程，如果一国的空间结构是错误的，那么将会降低产业投资的回报，甚至会使经济陷入长期的低水平均衡，损害长期增长。奥塔维亚诺（Ottaviano，2003，2011）认为区位选择带来的金钱外部性是 NEG 的核心，而金钱外部性则又来源于市场力量带来的价格扭曲，在 NEG 模型里，外部性和不完全竞争共同决定了现实的经济图景，这一机制决定的经济活动的空间分布是无效率的，因为依赖于这种机制不能产生有效的经济地理图景，所以需要使用政策干预去处理这种市场失灵。

关于"母市场效应"导致的区域收入分配效应较难判断，得出的结论也模棱两可，富有争议。在经济一体化过程中，由于大国会集聚更多的生产差异化产品的厂商，使得大国有更高的工资水平，从而使得小国处于生产的外围，面临"去工业化"的危险（Davis，1998），而且关于厂商异质性的模型也显示，生产效率高的厂商集聚在大国，而生产效率低的厂商则集聚在小国，这进一步导致国家间生产力水平的差异和收入鸿沟的拉大。但是马丁和奥塔维亚诺（Martin & Ottaviano，1999）的动态模型显示，区域培育集聚的政策通过促进经济增长也会使得其他区域获利，高桥等（Takahashi et al，2011）分析了贸易自由化在福利上的效应，结果显示，大国和小国都会从全球化中获利。同时，汉森和向（Hanson & Xiang，2004）、余（Yu，2005）等的研究也表明，所谓的"去工业化"现象并不一定会发生或者要弱得多。

二、政策含义

以"母市场效应"作为分析视角去看待区域不平衡问题，至少给我们提供如下政策启示：①落后地区应该扩大当地需求。落后地区由于市场规模的限制，"母市场效应"发挥作用的空间非常有限，要吸引厂商集聚，扩大其市场规模就显得非常有必要。②落后地区应增加在产品研发上的投入，提高产品科技含量，努力营造差异化。③既然比较优势是作为一种产业发散力而存在的，发挥比较优势有利于缩小区域间收入鸿沟，那么落后地区更有必要充分发挥当地特色和优势。④落后地区需要控制贸易成本和提供补贴来吸引集聚。藤田昌久和莫里（Fujita & Mori，1996）探讨了产业集聚模式的演化以及控制贸易成本的产业政策。其模型认为一国要培育产业积聚力量，可以暂时通过关税或者非关税的政策改变贸易成本（比如提高贸易成本），从而诱使产业集聚，而产业集聚具有路径依赖，即使这一政策后来被取消，也不会改变厂商集聚的区域。这说明暂时的政策干预会影响到整个的经济增长路径。如果政府能够根据形势精确的实施控制贸易成本的政策，就能取得最优的经济发展。然而藤田昌久和莫里（1996）也提出了警示，如果对经济环境做出错误的估计，这样的政策会背道而驰，导致完全相反的结果，产业可能集聚于伙伴国。罗德里格斯克莱尔（Rodriguez-Clare，2007）也提出了警示，诱使产业集聚的政策可能会使小国遭受损失，因为小国的"母市场效应"发挥作用非常有限，这说明政府改变战略性控制贸易成本的做法是需要慎重考虑的。奥塔维亚诺（Ottaviano，2003）探讨了区域吸引集聚的补贴政策。如果厂商最初集聚于某个区域，如果另外一个区域要把厂商吸引过来，那么其提供的补贴要高于其集聚在原来的区域所产生的集聚租金。如果补贴低于这一门槛的话，对厂商区位不会产生任何影响。而且，由于集聚租金是驼峰型的，补贴门槛也会随着贸易自由化水平的变化而呈现差异。一旦部分厂商被吸引过来，那么所有厂商都会过来，因为新的集聚过程是自我实施的。这样，即使是临时的政策冲击对经济图景也会产生持久的效果。同时区域政策要掌握好吸引集聚的最佳时机，假设最初贸易障碍非常高，厂商的长期均衡结果就是一个对称性均衡，厂商在区域内平均分布。然后随着一体化程度的加深，贸易障碍不断削弱，那么此时将会导致经济图景发生变化，厂商有可能完全集聚于其中某个区域。在这样一个厂商选择阶段，区域即使是最微小的政策变化也可能打破僵局，从而对厂商的最终区域分布造成很大影响。此时将是区域实施补贴吸引厂商集聚的大好时机。即使是轻微的补贴，也能通过吸引部分厂商从而达到厂商集聚于整个区域的目的，因为厂商的集聚是自我完成的。这样，在存在多种可能的长期均衡结果的过程中，区域政策的介入成为厂商区位决策的重要因素。同时，区域补贴政策也要善于利用和引导厂商的预期，比如，在厂商悬而未决时，即使区域没有实施实际的补贴政策，只要它能够让厂商相信它将来会进行补贴，那么这也会使得厂商被完全吸引过来。

第五节　简要评论

一直以来，无论是理论上还是实证上，人们对"母市场效应"的存在性给予了较多的关注，期望借此将规模经济和传统比较优势区分开来。而对该理论在区域协调发展问题上的应用及其引发的区域政策含义探究不多。本章的理论探讨为目前中国区域经济协调发展的困境提供了一个极好的分析视角和工具。用"母市场效应"来认识中国区域经济发展不平衡的内生性问题，并利用它来检验区域不平衡发展的程度，探求决定区域不平衡发展的微观经济参数，从理论上和实证上都将会显得更加直观和便利。通过对"母市场效应"所引发的政策含义的研究，为促进区域协调发展的国家层面、区域层面和厂商层面的经济政策提供好的启示和借鉴。

当前，中国区域发展不平衡问题已成为实现"中国梦"的重要障碍，但是在这一领域还存在诸多备受争议、模糊不清的问题。首先，从区域不平衡的演化来说，虽然，比较优势和积聚力量在现有文献中已得到比较充分的考察，也得到了不少分析性的结论，然而，产业区位模式还是非常复杂，对此还没有一幅清晰的图景，为搞清楚影响区位各因素所带来的混乱效果，我们需要进一步作出努力。其次，从"母市场效应"的福利含义和政策含义上来讲，学界对这方面的探讨并不多见，从不同的假定和模型结构出发，得出的结论也往往大相径庭，尚无定论。再次，从决定区域不平衡的微观经济参数而言，这里既涉及空间（区域）特征，又涉及行业和厂商特征，这些参数分开来看对集聚力的影响似乎是清晰的，但这些参数的协同作用对集聚和厂商区位造成何种影响却很难作出回答。最后，NEG 模型已经发展到了关注厂商和个人的更为微观的异质性层面，这一微观的异质性对于"母市场效应"的存在性和强度造成何种影响？或者"母市场效应"与新新贸易理论和新新经济地理学如何融合？从理论上和实证上进一步理解个人和厂商异质性的来源及其对积聚力量的影响是未来研究的一个非常有前景的方向（Ottaviano，2011）。在模型中加入厂商异质性，利用厂商水平的数据去考察中国制造业集聚模式对于区域生产力水平造成的影响是我们进一步需要研究的问题。

第十章 中国区域不平衡成因的经验研究：
比较优势VS新经济地理

新古典增长理论认为，随着经济一体化程度的加深，贫穷区域的要素报酬和收入水平会向富裕区域不断收敛[①]。而现实情况却恰恰相反，空间结构的变化显示出经济发展的团块结构，远远不是经济活动平稳的收敛，发展呈现出高度的空间差异。这种状况在中国表现得非常明显，改革开放以来，伴随着经济的高速增长，中国沿海与内地的收入鸿沟正不断拉大。这一不平衡已形成了一个显著的中心—外围模式：沿海区域的农业就业和产出份额正不断下降，而制造业特别是出口型企业则高度集中，成为经济发展的中心，而广大中西部地区则似乎已成为逐渐"去工业化"的外围地带。虽然从 2006 年开始，这种状况得到了一定程度的缓解，但是沿海区域的人均 GDP 还是超过全国人均 GDP 将近 60%，沿海区域的出口虽然占全国总出口的份额呈现缓慢下降的趋势，但在 2012 年还是占到了 83%；而内地的人均 GDP 则低于全国人均 GDP 的 10%，同时其出口占全国总出口的份额虽然在缓慢上升，但即使在最高的 2012 年，也才占到 17%[②]。

从生产的区位来看，关于区域不平衡发展有两种重要的解释。第一种解释来自于比较优势理论。从斯密、李嘉图到俄林，空间（区域）的异质性对生产和贸易的影响得到了广泛的考察，区域的"第一性"[③] 特征决定了经济活动的区域，区域会从事自身具有比较优势产品的专业化生产，出口自身具有比较优势的产品，比较优势带来的区域间生产结构的差异是区域不平衡的来源。第二种解释来自于新经济地理学（NEG）。这源于克鲁格曼（1991）的开创性贡献。基于规模经济和不完全竞争，克鲁格曼（1991）建立了厂商区位决策的一般均衡模型，探讨了规模经济和贸易成本的相互作用所形成了空间图景：一个中心—外围模式。大国会成为制造业集聚的中心，而与之进行贸易的小国则处于生产的外围。相对于传统的比较优势理论，NEG 模型的"第二性"摒弃了所有外生的"第一性"的因素，将厂商区位决策问题内生

---

① 新古典增长模型是建立在完全竞争、同质化产品和非规模报酬递增假定上的。在技术外生的情况下，资本报酬递减规律是这样的：由于落后国家人均资本更少会有更高的资本报酬，从而会有更高的资本积累速度，由于要素的流动性导致其相对于发达国家来说呈现更高的经济增长速度（Solow，1956）。

② 数据来源：作者根据《中国统计年鉴》（2007~2013 年，历年）整理。

③ 第一性指的是某些区域先天的在禀赋或者其地理位置（靠近江河、沿海、港口、边境等）上的优势（Venables，2003）。

化了，规模经济和贸易成本的相互作用产生的集聚力拉大了区域间收入差距，导致区域不平衡。

随着经济一体化程度的加深，贸易成本的不断下降，比较优势和 NEG 共同决定了经济活动的空间分布。当经济一体化程度比较低时（贸易成本很高），厂商会根据区域比较优势选择当地市场，使得产业发散开来；当贸易障碍逐步降低，经济一体化程度增强时，厂商为利用规模经济会选择在需求较大的地方生产，导致中心—外围模式的形成；而更进一步降低贸易成本，由于集聚成本太高（集聚地更高的工资水平），会使得厂商选择劳动力成本比较低的地方生产，这样产业再次发散开来。这种贸易成本和产业集聚之间的倒 U 型关系，在 NEG 文献中得到了广泛的考察（Krugman，1991；Krugman & Venables，1995；Venables，1996；Fujita et al，1999；Puga，1999；Takahashi et al，2011；等等），贸易成本和规模经济对区域不平衡造成的最终影响是模棱两可的（Puga，2001），因为存在多个稳定的均衡点，最终效果取决于发散力量和积聚力量这两种作用的强度。

从经验上考察产业区位和区域收入水平时，将比较优势和新经济地理这两种因素同时考虑在内的文献并不多见，众多文献往往是单独研究了比较优势和新经济地理集聚力对于产业区位的影响。戴维斯和维恩斯坦（Davis & Weinstein，1999）、哈兰等（Haaland et al，1999）考察了欧盟的产业结构与区域协调发展问题，其都认为要素禀赋解释了欧盟大部分的生产和专业化模式，规模经济对于行业产出的作用相当有限。揭（Ge，2006）考察了对外贸易和 FDI 对中国区域不平衡的影响，他认为，中国区域不平衡的上升伴随着区域专业化和产业集聚过程，对外贸易和外商投资与中国的产业集聚紧密相关，依赖于对外贸易和外商投资的产业倾向于集聚在沿海地带，出口型产业有更高的集聚程度。阿米蒂和约沃斯科（Amiti & Javorcik，2008）在 NEG 模型的框架下，利用中国省间产业水平的数据分析了 FDI 在中国的决定因素，结果显示，靠近需求和中间品的可获得性是外商在中国区位选择的关键因素，其结果也对区域基础设施建设和区域贸易保护提供了一些启示。科萨和费根鲍姆（Cosar & Fajgelbaum，2013）利用产业水平的数据考察了中国的专业化生产模式，其分析结果显示，对外贸易是中国产业区位选择的重要因素，其认为规模经济和区域间生产力水平的差异并不能完全解释中国的专业化模式，比较优势依然重要。祁飞（2011）考察了中国对外贸易模式，其认为中国制造业出口既有比较优势的动因，又有规模经济的动因，但比较优势的作用更加强烈。而我们的研究正在于在比较优势（区域特征导致的区域间生产结构的差异）和新经济地理（行业特征导致的部门内生产力水平的差异）之间做出明确的区分。处理这一问题目前经验上存在两条路径：首先，循着克鲁格曼（1980）的路径去做"母市场效应"（Home Market Effects，HME）的存在性检验，利用HME的存在性将比较优势和规模报酬递增区分开来（Davis & Weinstein，1999，2003）[①]；其次，考察区域相对集中度和绝对集中度（Haaland et al，1999；Midelfart-knarvik et al，2000；Altomonte & Bonassi，2002），因为比较优势会带来区域专业化生产（区域相对集中），而NEG会带来大的区域有更大的产业增加值（区域绝对集中），所以可以通过区域相对集中度和绝对集中度来将二者区分开来。在我们的研究中，我们将根据第二条路径，通过考察区域的相对集中度和绝对集中度来区分比较优势和新经济地理对中国厂商区位决策的影响，从而探讨中国区域不平衡问题。文章接下来是这样安排的：第一节将寻求区域不平衡的经验证据，通过考察区域制造业相对集中度和绝对集中度对区域不平衡进行评估；第二节做计量工作，通过考察产业区位的决定因素，进而对比较优势和新经济地理进行分离；第三节提出本章的结论。

第一节　对区域不平衡的评估

根据哈兰等（Haaland et al，1999）的方法，我们通过计算区域相对集中度和绝对集中度来考察比较优势和新经济地理这两种力量在中国厂商区位决策上的作用。区域的相对集中是指某个行业厂商的区位选择考虑了该区域的具体特征（如禀赋、地理位置、区域大小等），区域相对集

　　[①]　克鲁格曼（1980）将HME定义为："在一个存在报酬递增和贸易成本的世界中，那些拥有相对较大国内市场需求的国家将成为净出口国"，从NEG的角度来看，HME是指"大国有更多的厂商和更高的工资水平"（Krugman，1991）。HME由于在理论上的直观和实证上的便利，在贸易上常常将它作为一个工具来检验新贸易理论，在经济地理上又常常将它作为一个工具来检验积聚力量的强度。

中度描述的是某个区域产业结构对于一般化的产业模式的偏离程度，是体现区域比较优势的指标；而绝对集中描述的是某个产业在区域的集中程度，并不考虑该区域的特征，绝对集中度能够说明区域某个产业占该产业总增加值的比重，是体现新经济地理集聚程度的指标。根据克鲁格曼（1991），通过对区域产业结构和所有区域产业结构的比较，得出区域相对集中度指数：

$$\text{SPEC}_i = \sum_{k=1}^{K} \left| \frac{\text{GVA}_{ik}}{\sum_k \text{GVA}_{ik}} - \frac{\sum_i \text{GVA}_{ik}}{\sum_i \sum_k \text{GVA}_{ik}} \right|, \quad \text{SPEC}_i \in [0,2] \quad (10.1)$$

其中 SPEC_i 表示区域相对集中度指数，GVA_{ik} 表示区域 i 产业 k 的总增加值，这样 $\text{GVA}_{ik}/\sum_k \text{GVA}_{ik}$ 则描述了区域的生产结构，而 $\sum_i \text{GVA}_{ik}/\sum_i \sum_k \text{GVA}_{ik}$ 则描述了一般化的产业模式。SPEC_i 这一指数的取值在 0～2，指数越大，说明区域专业化程度越高，如果 SPEC_i 的值为 0，说明某区域生产结构和一般化的产业模式是一样的，该区域没有从事专业化生产，如果 SPEC_i 的值为 2，则说明该区域的专业化程度最高。区域相对集中指数通过在区域生产结构和一般化的产业模式之间的比较，能说明区域利用了某种比较优势或者技术条件从事专业化生产，这能够很好地衡量区域对比较优势的利用。但是区域相对集中度指数不能说明区域行业集中的程度，即它不能说明区域某个行业在其区域总分布中所占的比重，处理这一问题，需要采用区域绝对集中度指数①：

$$\text{CONC}_i = \frac{\sum_{k=1}^{k} (\text{GVA}_{ik}/\sum_i \text{GVA}_{ik})}{K}, \quad \text{CONC}_i \in [0,1] \quad (10.2)$$

这一指数计算了区域 i 产业 k 占该产业总增加值的比重，它的取值在 0～1，指数越大，说明区域行业集聚程度越高。CONC_i 为 0，则说明在区域 i 没有产业 k 的生产，CONC_i 为 1，则说明最高的集聚程度，产业 k 只在区域 i 生产。

根据式（10.1）和式（10.2），我们利用制造业两位数数据，分别计

---

① 因为我们重点要考察的是区域行业的集聚程度，而不是行业在哪个区域集聚问题，这一指数关注的是区域而不是行业，所以这一指数和标准的集聚指数不太一样。

算了 2005 ~ 2012 年中国沿海和内地①的相对集中度指数和绝对集中度指数，数据来源于《中国统计年鉴》、各省（区、市）的统计年鉴和 Wind 数据库，区域数据来自于各省（区、市）数据的加总，结果如图 10 - 1 和图 10 - 2 所示。我们发现，从相对集中度指数来看，内地要高于沿海（图 10 - 1），这说明内地专业化生产程度相对较高。随着时间的推移，沿海和内地的生产结构正不断趋同，这种趋同似乎在一定程度上缩小了沿海和内地的收入鸿沟。这一点从数据上看得更清楚，沿海地区的人均 GDP 从 2006 年超过全国人均 GDP 71.4% 下降为 2012 年的 50%，而内地从 2006 年人均 GDP 低于全国人均 GDP 10% 下降为 2012 年的 5%。毫不令人惊讶的是，沿海地区的绝对集中度指数远远高于内地（图 10 - 2），制造业高度集中在沿海。但是绝对集中度指数随时间呈现一定程度的波动，特别是从 2008 年开始，沿海地区制造业绝对集中度指数正不断下降，直到 2011 年才开始缓慢回升，这似乎说明金融危机，外需缩减对中国制造业区位产生了较大影响，这从近年来沿海地区出口份额正不断下降也可以看到。同时，内地的绝对集中度指数呈现不断上升的态势，其出口份额也正缓慢上升，这符合 NEG 模型的理论预期，随着区域一体化程度的加深，贸易成本的不断下降，厂商逐渐倾向于选择在劳动力成本更低的内地生产。总体而言，中国沿海和内地的收入不平衡已得到一定程度的缓解。从区域不平衡的成因来看，中国沿海和内地的不平衡既来自于区域对比较优势的利用导致的生产结构的差异，又来自于制造业在沿海的高度集聚导致的区域收入水平的差异，我们需要从计量上更好地分析这一问题。

---

① 沿海是指辽宁、河北、山东、江苏、浙江、福建、广东、广西、海南九省加上北京、上海、天津三个直辖市。内地是指中部地区的黑龙江、吉林、内蒙古、山西、河南、湖北、湖南、江西、安徽和西部地区的陕西、宁夏、甘肃、新疆、青海、四川、贵州、云南、西藏和重庆。

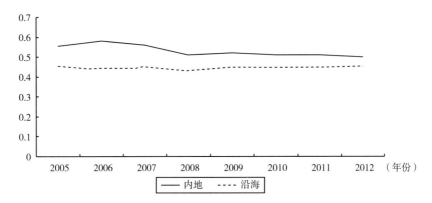

图 10 - 1　沿海和内地相对集中度

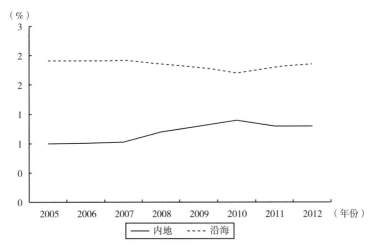

图 10 - 2　沿海和内地绝对集中度

第二节　计量分析

一、模型建立

我们的回归方程中需要融合经济地理和比较优势这两种力量，从而探讨这两种力量对区域所考察的产业总增加值造成的影响。我们的因变量是区域产业的总增加值,我们需要推导区域总需求函数。我们假设有 R 个区域(每个区域以 i 表示),K 个产业(每个产业以 k 表示),我们以 n_i^k 表示区域 i 产业 k 的品种数,我们假定每个品种面临相同的成本函数和需求函数。产品存在冰山贸易成本 $\tau > 1$,在假定区域间代表性消费者 C-D 型效用函数,和产业 k 消费者 CES 型效用函数的情况下,我们得到区域 j 对产品 k 的价格指数:

$$(P_j^k = [\sum_{i=1}^{R} n_i^k (p_i^k \tau_{ij}^k)^{1-\sigma^k}]^{1/1-\sigma^k}) \tag{10.3}$$

其中 p_j^k 表示区域 j 产品 k 的价格指数,p_i^k 表示区域 i 产品 k 的离岸价,τ_{ij}^k 表示区域 i 到区域 j 产品 k 的贸易成本,σ^k 表示产品 k 的替代弹性,$\sigma^k \to +\infty$ 则说明产品 k 是同质化产品。我们假定 E_j^k 表示区域 j 在产品 k 上的总支出,那么根据谢波德定理,我们能够得到区域 i 对区域 j 产品 k 的出口额:

$$x_{ij}^k = (p_i^k)^{-\sigma^k} (\tau_{ij}^k)^{1-\sigma^k} E_j^k (P_j^k)^{\sigma^k-1} \tag{10.4}$$

其中 x_{ij}^k 表示区域 i 对区域 j 在产品 k 上的出口额。根据(10.2)式,我们能够导出区域 i 在产品 k 上的总产值 y_i^k:

$$y_i^k = n_i^k p_i^k x_i^k = n_i^k (p_i^k)^{1-\sigma^k} \sum_{j=1}^{R} (\tau_{ij}^k)^{1-\sigma^k} E_j^k (P_j^k)^{\sigma^k-1} \tag{10.5}$$

其中 $x_i^k = \sum_j x_{ij}^k$

我们假设产品 k 的价格与其边际成本 c^k 成比例,于是有

$$p_i^k = \theta^k c^k \tag{10.6}$$

其中 θ^k 能够表达行业特征,$\theta^k = 1$ 说明产业 k 是完全竞争的,$\theta^k > 1$ 则说明产业 k 是垄断竞争的。同时,$\sum_{j=1}^{R} (\tau_{ij}^k)^{1-\sigma^k} E_j^k (P_j^k)^{\sigma^k-1}$ 能够很好地表示区域 i 产品 k 的市场潜力(Harris,1954),说明需求不仅来自于区域 i 当地的消费者,而且来自于区域 i 周围的其他 R-1 个区域的消费者。于是有

$$MP_i^k = \sum_{j=1}^{R} (\tau_{ij}^k)^{1-\sigma^k} E_j^k (P_j^k)^{\sigma^k-1} \tag{10.7}$$

于是有整个区域的市场潜力为 $MP_i = \sum_{k=1}^{k} MP_i^k$。我们将区域内所有产业的总产

值加总，就能得到区域总产值 Y_i：

$$Y_i = \sum_{k=1}^{K} y_i^k = \sum_k n_i^k \theta^k \sum_k \frac{c^k}{(\theta^k c^k)^{\sigma^k}} MP_i \qquad (10.8)$$

由于 $\sum_k n_i^k \theta^k$ 的值取决于 R 个区域 K 个行业其各自的行业特征，当 n_i^k 越大，或者 $\theta^k > 1$ 时，则说明行业是垄断竞争的，当 n_i^k 越小，或者 $\theta^k = 1$ 时，则说明行业是完全竞争的。我们设 $\sum_k n_i^k \theta^k = (industry)_i$，其中 $(Industry)_i$ 表示区域 i 的行业特征。而 $\sum_k \frac{c^k}{(\theta^k c^k)^{\sigma^k}}$ 的值取决于区域的技术水平，根据米德尔法特纳维克等（Midelfart-Knarvik et al，2000），这是一个衡量区域要素禀赋的指标，可以通过许多的投入变量来近似替代。我们设 $\sum_k \frac{c^k}{(\theta^k c^k)^{\sigma^k}} = (Region)_i$，其中 $(Region)_i$ 表示区域 i 的区域特征。于是根据（10.8）式，加入时间要素，我们得到

$$\ln(Y_{it}) = \ln(Industry)_{it} + \ln(Region)_{it} + \ln(MP)_{it} \qquad (10.9)$$

（10.9）式是我们的计量方程，它融合了代表新经济地理积聚力量的产业特征和代表传统要素比较优势的区域特征。

二、模型实施

在计量分析中，我们的因变量 Y_i 表示区域所考察行业的总增加值。而解释变量所包含的产业特征和区域特征则用来分析经济地理和比较优势对产业区位的影响。我们使用了沿海和内地 9 个制造业部门[①]，2006 ~ 2012 年的数据，数据来源于《中国统计年鉴》、各省（区、市）的统计年鉴和 Wind 数据库，区域数据来自于各省（区、市）数据的加总。

$(Industry)_i$ 主要是用来考察产业特征在何种程度上影响了经济活动的地

---

① 为了数据和分析上的便利，我们将制造业两位数数据加总为 9 个部门：食品、饮料和烟草制造业；纺织、服装和鞋帽制造业；造纸和印刷品制造业；橡胶和塑料制品业；机械设备制造业；化学产品制造业；金属制品业；非金属矿物制品业；运输设备制造业。

理分布，它是和新经济地理积聚力量联系在一起的，这些特征由一系列的变量构成。包括①IRS。IRS 是衡量规模经济程度的指标，戴维斯和维恩斯坦（Davis & Weinstein，1999）认为规模经济程度是导致行业呈现 HME 的主要条件，在 NEG 模型中，HME 是推动产业集聚的重要因素，高的规模经济程度意味着行业更高的集聚程度。②Intra。Intra 代表着产业内的纵向联系，维纳布尔斯（Venables，1996）认为，纵向联系也是导致集聚的重要力量，在适度贸易成本情况下，它能解释大部分的集聚过程。高的纵向联系程度意味着行业更高的集聚程度。③Final。Final 是指输送到最终消费市场的产出份额，这一份额的高低在很大程度上能够决定行业是否产生 HME，高的最终消费市场产出份额意味着更高的集聚程度。在我们的分析中，根据米德尔法特纳维克等（Midelfart-Knarvik et al，2000b），我们将 IRS、Intra、Final 作为虚拟变量来处理，见表 10.1。

表 10.1　　　　　　　　　产业特征一览

产　　业	IRS（规模经济程度）	Intra（产业纵向联系）	Final（最终品份额）
食品、饮料和烟草	低	高	高
纺织、服装和鞋帽	低	高	高
造纸和印刷品制造业	高	高	低
橡胶和塑料制品业	低	低	高
机械设备制造业	高	高	高
化学产品制造业	高	高	高
金属制品业	高	高	高
非金属矿物制品业	高	高	低
运输设备制造业	高	低	低

（Region）ᵢ 主要是用来考察区域特征在何种程度上影响了经济活动的地理分布，它和传统比较优势联系在一起的，这些特征主要是如下一些变量：①R&D。表示每个区域从事研发的人员比例，它能反映出区域在技术禀赋上的比较优势①。②Agri。这是一个用来衡量产品的生产以农产品作为中间品比

①　这一变量被广泛用于基于比较优势的区位模型中（De la Fuente，1997，2000；Neven & Gouyette，1995），而在戴维斯和维恩斯坦（1999）、哈兰等（Haaland et al，1999）那里，技术上的比较优势则是通过考察区域人力资本的差异来体现的。

例的指标，以农产品在区域总产出中所占比重来表示，由于它能反映出区域的要素禀赋，我们用它来控制自然优势对产业集聚的影响。③FDI。区域外资在总资本中所占的份额。④Export。区域出口在总产出中所占比重。我们用 FDI 和 Export 这两个变量来衡量区域在出口上的自然优势，考察对外贸易如何改变了内部的经济地理和产业区位，从而引致区域不平衡发展。⑤MP_i。这是一个反映区域最终品消费市场临近程度的指标，在计量分析中，我们通过式 $MP_i = \sum_{j \neq i} GDP_j / d_{ij}$ 来刻画。

三、计量结果及分析

计量结果见表 10.2。

表 10.2　　　　　　　　　　　基于（10.9）式的回归结果

变　　量	东部沿海	中部地区	西部地区
ln（MP）$_i$	1.68 *** (0.14)	1.46 *** (0.27)	1.39 *** (0.18)
IRS	0.63 ** (0.26)	0.37 * (0.18)	0.15 (0.09)
Intra	0.28 ** (0.14)	0.12 (0.03)	0.06 (0.02)
Final	0.06 (0.02)	−0.01 (0.01)	0.02 (0.01)
ln（R&D）$_i$	0.36 *** (0.12)	0.28 ** (0.17)	0.45 *** (0.17)
ln（Agri）$_i$	0.14 * (0.07)	0.28 *** (0.15)	0.49 ** (0.26)
R^2	0.95	0.89	0.93
N	63	63	63

注：系数下括号内为标准差，*、**、*** 分别表示 10%、5%、1% 的显著性水平。

由表 10.2 可以看到，无论是东部沿海，还是中西部区域，其收入水平均和区域市场潜力存在显著正相关关系。这说明区域市场规模，生产选址靠近需求，对于区域收入水平有着明显促进作用，这验证了 NEG 模型关于市场潜力促进区域经济发展的预期。值得注意的是，东部地区市场潜力的促进作用要明显高于中西部地区，这说明东部沿海地带由于其在贸易上的优势，以及出口的临近，吸引了制造业的集聚，而中西部地区由于其在地理位置和市场规模上的劣势，在一定程度上阻碍了制造业的集聚，我们的结论基本上和揭（Ge，2006）、阿米蒂和约沃斯科（Amiti & Javorcik，2008）、科萨和费根鲍姆（Cosar & Fajgelbaum，2013）是一致的。当前中国正走内需拉动型增长的道路，我们的研究显示区域间市场潜力对收入水平的作用有很大区别，进一步扩大当地市场需求是大势所趋，但我们的检验结果认为，这在一定程度上会加剧区域不平衡程度。同时行业规模经济程度对于东部地区和中部地区收入水平有显著影响，而对西部地区收入水平的影响并不显著，这和阿尔托蒙泰和博纳西（Altomonte & Bonassi，2002）对于欧盟的富裕区域与落后区域的研究形成了对照，他们认为规模经济对于欧盟区域收入水平没有影响。同时我们的研究发现行业纵向联系对于中国区域收入水平没有显著影响，这和NEG 模型关于产业纵向联系促进产业集聚的理论预期不一致，这似乎说明中国的产业纵向联系亟须进一步延伸。饶有兴致的是，区域 R&D 以及农业产出的份额这两个衡量区域技术和要素禀赋的指标对于中国区域收入水平有显著促进作用。奥塔维亚诺（Ottaviano，2003）认为传统比较优势理论对区域不平衡的上升缺乏足够的解释力，面对现实世界中的广泛存在的产业内分工和贸易、区域外生特质高度相似，而发展程度却呈现巨大差异等问题力不从心。而我们的研究显示了比较优势在中国区域经济发展中的重要作用，比较优势依然重要，这和佛斯里德和伍顿（Forslid & Wooton，2003）、艾比法尼（Epifani，2001）、阿米蒂（Amiti，2005）、祁飞（2011）、科萨和费根鲍姆（Cosar & Fajgelbaum，2013）[①] 等的研究结论是基本一致的。

---

① 佛斯里德和伍顿（Forslid & Wooton，2003）认为，即使在国际劳动力流动的情况下，贸易自由化也会导致生产根据国家间的比较优势结构而呈现集中和分散。同时艾比法尼（Epifani，2001）两种生产要素的纵向联系模型也显示要素密集度对厂商区位决策的重要性。而且维纳布尔斯（Venables，2005）认为比较优势在分析中国沿海相对于西北区域的差距、分析墨西哥边界区域相对于南部区域的差距上具有很强的解释力。阿米蒂（Amiti，2005）认为如果贸易成本变得很低的话，区域间会呈现出根据比较优势而来的完全专业化生产，这一模型能够很好地解释当前亚洲的一些现象。祁飞（2011）考察了中国对外贸易模式，其认为中国制造业出口既有比较优势的动因，又有规模经济的动因，但比较优势的作用更加强烈。科萨和费根鲍姆（Cosar & Fajgelbaum，2013）利用产业水平的数据考察了中国的专业化生产模式，其分析结果显示，对外贸易是中国产业区位选择的重要因素，其认为规模经济和区域间生产力水平的差异并不能完全解释中国的专业化模式，比较优势依然重要。

第三节　结论和进一步研究的构想

本章通过建立一个融合市场潜力、代表 NEG 积聚力量的行业特征、代表比较优势的区域特征的关于区域收入水平的计量模型，利用中国制造业部门 2006～2012 年的面板数据检验了市场潜力、规模经济程度、产业纵向联系以及比较优势对于区域收入水平的影响。我们的研究结果发现，市场潜力对于区域收入水平存在显著影响，相对于中西部地区而言，市场潜力对于东部地区的收入水平影响更大。同时行业规模经济程度仅对东部和中部地区有显著影响，而对西部地区没有显著影响。行业纵向联系对于中国区域收入水平没有影响。区域在技术和禀赋上的比较优势对于区域收入水平有显著影响，比较优势理论在解释中国区域生产结构和区域收入水平上仍然具有解释力。

我们的研究结果对于区域不平衡问题至少提供如下启示：首先，为避免市场规模的扩大导致的区域不平衡的加剧，我们需要进一步刺激落后地区的需求，加强落后区域的基础设施建设，从而充分发挥落后地区市场潜力对于当地收入的促进作用；其次，区域发展要进一步利用行业的规模经济、进一步延伸行业的纵向链条，促进产业升级；最后，区域要加强在研发上投入，充分发挥当地比较优势。

NEG 模型已经发展到了关注厂商和个人的更为微观的异质性层面，这一微观的异质性对于产业集聚模式造成何种影响？从理论上和实证上进一步理解个人和厂商异质性的来源及其对积聚力量的影响是我们未来努力的方向，在模型中加入厂商异质性，利用厂商水平的数据去考察中国制造业集聚模式对于区域生产力水平造成的影响是我们进一步需要研究的问题。

"母市场效应"理论
及其应用研究

Chapter 11

第十一章 结论、政策建议和需要进一步研究的问题

通过以上各章的研究，本书的论述即将告一段落。本章将要对全书所做的工作做一总结，提出我们的主要结论。扩大内需不单单是要获得出口优势和贸易顺差，更重要的是要真正提高中国出口品的竞争力，扩大内需的落脚点应是促进产业结构的升级，改善中国在国际贸易分工中的地位。所以本章将要提出和扩大内需政策相配套的一些补充性政策建议，以充分发挥"母市场效应"的作用。对于中国制造业存在"母市场效应"的部门，我们可以通过扩大内需来进一步巩固和发挥市场规模这一优势，而不存在"母市场效应"的部门往往是高度劳动密集，而且技术水平较低的部门，这样一些部门的贸易模式更适合在 H－O 理论框架下进行解释。对于这样一些部门，要想发挥"母市场效应"的作用，我们要做的是转变出口增长模式，促进产业内和产业间结构的升级。同时本书第六章的研究发现，FTA 的建立对于中国制造业出口具有很大的促进作用，本章也会对此问题进行简要探讨。本章最后将要谈谈作者未来需要进一步研究的一些问题。

第一节　全书概要及主要结论

"母市场效应"的存在在理论上究竟依赖于哪些假定前提，克鲁格曼（1980）提出的那些假定有哪些可以进行放松或者修改？哪些因素影响到了"母市场效应"的强度？中国的制造业贸易模式主要是由比较优势决定的还是由"母市场效应"决定的？中国制造业有哪些部门存在"母市场效应"，其强度如何？中国制造业各部门内需如何，该内需和出口之间是个什么样的关系？中国当前的内需状况和结构如何，现行的扩大内需政策重心应在哪？"母市场效应"导致区域不平衡的传导机制是什么，哪些微观经济参数决定了区域经济不平衡程度？中国区域经济不平衡在多大程度上是由"母市场效应"的积聚力量导致的，又有多大程度受到区域第一性特征的影响？本书通过理论和经验上的研究对上述问题作出了回答。本书的研究分两大块。第一块主要是对中国制造业对外贸易的"母市场效应"进行理论和实证的研究；第二块主要考察"母市场效应"在区域经济发展上的应用。

　　第一块内容理论研究上总结了"母市场效应"在理论上所依赖的条件及其强度所依赖的参数，以及众多学者在实证上对该理论的检验。主要体现在全书的第三章和第四章。虽然不同学者均是对同一问题进行的研究，但是其研究的侧重点存在较大差异。"母市场效应"理论文献主要存在这样一些特点：首先，它们均对克鲁格曼（1980）模型进行了理论上的拓展，但文献在假定上存在差异，于是得出关于"母市场效应"存在性的不同结论。其次，虽然假定不同，但这些研究往往又都涉及了一些重要的参数，而关于这些参数对"母市场效应"强度的影响上，这些文献的观点又是基本一致的。同时"母市场效应"的经验研究文献也存在一些特点：首先，它们均是对制造业进行的检验，因为这一行业比较符合"母市场效应"理论上存在的假定。当然这些检验有的考察的是制造业总体，有的考察的是细化的制造业子部门。其次，它们基本上选择的样本国家均是发达国家。原因在于"母市场效应"理论上的存在很大程度上依赖于国家间在禀赋上的相似性，选取发达国家作为样本，更容易在检验中剔除掉传统比较优势的影响。最后，这些经验研究文献的基于对"母市场效应"这一理论在不同角度上的理解，从而在检验上的路径并不一样。本书在理论上的梳理和总结工作比较到位。首先，本书的探讨非常全面，几乎涉及了直接研究该理论目前为止的所有文献和相关文献。其次，本书在理论上的研究条理非常清晰，将这些文献按照假定的差异和涉及的相似参数进行分类。最后，本书理论上的论述并没有局限在将众多学者工作做一简单描述和堆砌，而是进行了较深的比较分析，做到有述有评。

　　实证研究上主要是对中国制造业"母市场效应"的存在性进行检验。这块内容体现在第五章、第六章和第七章。第五章是对中国制造业总体做的检验，关键是考察中国制造业总体是否存在"母市场效应"，"母市场效应"和传统比较优势效应对中国制造业双边贸易模式哪个具有更大的决定作用。第六章是对制造业分产品做的检验，考察的是 HS 码两位数产品，在假定上和众多该领域使用引力模型的经验研究文献相似。第七章的研究使用了不同的假定，考察了按照 ISIC 分类的制造业 12 个部门。这块内容是全文的重点，有这样一些特色：首先，对中国制造业做对外贸易"母市场效应"经验研究前人还未有过，而我们做了，这是一大特色。其次，本书的经验研究比较全面，既考察了制造业总体"母市场效应"的存在性，又考察了制造业各子部门"母市场效应"的存在性，子部门涉及了所有制造业部门。最后，本书的经验研究证明了中国制造业总体确实存在"母市场效应"，而且一些子部门有，而另外一些子部门没有，这对于提出有针对性的产业政策有一定启示。

第二块内容主要是利用"母市场效应"理论解释和分析区域不平衡问题。这块内容体现在第九章和第十章。第九章主要是探讨了"母市场效应"→厂商集聚→区域间产业结构的差异和部门内生产力水平的差异→区域经济不平衡这样的传导机制，并考察了决定区域不平衡的重要微观经济参数。第十章则主要是进行实证研究，在控制区域比较优势的基础上考察"母市场效应"积聚力量对于区域收入水平造成的影响。

本书的主要结论如下：

本书对克鲁格曼（1980）提出的那些假定利用相关文献进行了全盘考察，结果发现，"母市场效应"在非常一般的情形下会存在，其存在的必要条件是产业规模报酬递增，存在运输成本，且是双边贸易情形。"母市场效应"的强度受到国家间贸易障碍和行业特征的影响，贸易障碍的降低会导致更强的"母市场效应"，同时在比较静态的意义上，行业在具有更大的相对市场、更高的运输成本、更高的产品差异化程度、更高的规模经济程度时会呈现更强的"母市场效应"。

通过对中国制造业总体对外贸易"母市场效应"所做的经验研究，我们可以看到：中国制造业对外贸易存在显著的"母市场效应"，中国的对外贸易模式由"母市场效应"和比较优势效应共同决定，在市场大小优势和要素禀赋优势并存的世界里，要素禀赋比较优势对中国制造业出口的促进作用更大。同时中国制造业内部各部门由于行业特征的差异，在"母市场效应"的存在性及强度上也存在较大差异。通过对中国制造业 HS 两位数产品的经验研究，我们发现，钢铁、无机化学、车辆等产品呈现较强的"母市场效应"，而纺织品、精密仪器等产品则呈现较弱的"母市场效应"，中国出口的产品主要是劳动密集型的，自由贸易协定对中国制造业产品出口存在显著的促进作用。通过放松双边贸易中两国代表性消费者在某产品上具有相同支出份额这一假定所做的经验研究显示纸制品和印刷品制造业、机械设备制造业、木制品业、基本金属和金属制品制造业、运输设备制造业、其他非金属矿产品制造业、化学产品制造业、杂项制品及废弃资源回收业这 8 个行业存在显著的"母市场效应"，这 8 个部门的内需和出口存在显著的正相关关系，而橡胶和塑料、纺织、服装和皮革、食品、饮料和烟草、炼油及核燃料的制造这四个行业没有"母市场效应"，其中食品、饮料和烟草、炼油及核燃料的制造这两个行业甚至呈现显著的逆"母市场效应"。中国的内需结构不合理，消费和投资比例长期失衡，扩大内需的政策重心应放在刺激消费和城乡居民增收问题上，要加大财政对"三农"的扶持力度。"母市场效应"直接导致了厂商在空间的集聚，而这一集聚又导致了区域间产业结构和部门内生产力水平的差异，此二者共同导致了区域间收入水平的差异，引起区域不平衡发展。贸易成本、决定行业特征的规模经济程度、行业运输成本和产品差异化程度等重要变影响到了"母市场效应"的强度，从而决定了区域不平衡的程度。比较优势和新经济地理共同决定了经济活动的空间分布，市场潜力对于区域收入水平存在显著影响，相对于中西部地区而言，市场潜力对于东部地区的收入水平影响更大；同时行业规模经济程度仅对东部和中部地区有显著影响，而对西部地区没有显著影响；行业纵向联系对于中国区域收入水平没有影响；区域在技术和禀赋上的比较优势对于区域收入水平有显著影响，比较优势理论在解释中国区域生产结构和区域收入水平上仍然具有解释力。

第二节　政策建议

当前中国贸易顺差最主要还是来源于一些高度劳动密集型产业，如纺织业，但是劳动力这一比较优势是不可持续的，而且长此以往，非常不利于中国制造业技术能力的发展和产业结构的升级。一旦没有了劳动力这一比较优势，中国的贸易顺差从何处来？通过对"母市场效应"理论的研究我们似乎可以找到答案。"母市场效应"是指在规模报酬递增，存在运输成本的情况下，需求大国将成为差异化产品的净出口国。同时"母市场效应"的强度随着规模经济程度和产品差异化程度的提高而变得更加强烈。从这一理论含义上我们可以看到，一国如果在某产业有"母市场效应"，那么即使该产业没有比较优势或者在原有优势日减的情形下，也可以通过扩大产业国内需求，提高产品的科技含量，实现产品差异化来巩固和提高其在对外贸易中的地位。同时本书的研究也显示，中国大多数制造业部门对外贸易确实存在显著的"母市场效应"，这为扩大这些部门的国内需求，进行技术创新以提升技术能力提供了理论支持。同时中国高度劳动密集或者资源密集的一些部门不存在"母市场效应"，如食品、纺织、提炼油和核燃料等部门不存在"母市场效应"，甚至呈现显著的逆"母市场效应"，国内需求的扩大甚至会使这些产品在 H－O 理论框架下成为净进口国。这些不存在"母市场效应"的部门其贸易模式基本由比较优势来决定，那么需要考虑的是加快制造业资本积累，并进行产业结构的升级。而且这些劳动密集型产业的出口在中国制造业总出口中占据着很大的比重，所以改变中国的出口增长模式也是必然的。同时本书的研究也发现，自由贸易协定对中国制造业出口具有明显的促进作用，那么加快自由贸易协定的谈判步伐也是必要的。本节接下来的部分将对这些政策建议进行简要的探讨。

一、转变出口增长模式，提高产品技术含量

一般而言满足人们衣食住等需要的产品往往技术含量低，产品同质化程度高；而那些耐用品往往技术含量较高，产品差异化程度高。前者在本书的研究中不存在"母市场效应"，而后者则呈现显著的"母市场效应"。这意味着中国制造业部门要充分发挥市场大这一优势，必须得转变出口增长模式，提高产品技术含量。从出口品的角度看，一个国家出口贸易的迅速增长，一方面可以归结为新产品的增加，即广度扩张，另一方面可以归结为原有产品的出口数量的增加，即数量扩张。中国已与世界上绝大多数国家建立了贸易往来，出口的产品几乎涵盖了 HS 码的全部产品，出口品广度扩张程度相当高。同时从表 11.1 我们可以看到，中国制造业出口在以较快速度增长，占据中国商品出口的绝大部分比重，同时在世界商品出口中也占据着重要地位，这说明中国出口品的数量扩张程度也相当高。

表 11.1　　　　　　　　　　中国制造业出口状况

年份	出口额（10 亿美元）	占中国总商品出口比重（%）	占世界商品总出口比重（%）
2002	292.6	89.90	6.20
2003	397	90.70	7.30
2004	542.4	91.40	8.30
2005	700.3	91.90	9.60
2006	895.4	92.40	10.80
2007	1134.8	93.20	11.90
2008	1329.6	93.10	12.70

资料来源：世界贸易组织数据库。

　　中国制造业总体出口广度扩张和数量扩张程度都很高并不能揭示出中国的出口结构和出口增长模式，我们需要考察中国巨额贸易顺差的来源，从而探讨中国制造业出口的增长模式。表 11.2 描述了中国制造业各行业贸易顺差情况。

表 11.2　　　　　　　中国制造业各行业贸易顺差　　　　　　　单位：亿美元

行业 ISIC	2002 年	2003 年	2004 年	2005 年	2006 年	2007 年	2008 年
食品、饮料和烟草	19.02	−14.14	−27.75	−12.19	9.32	−48.95	−183.71
纺织、服装和皮革	581.78	750.17	902.04	1143.33	1444.65	1764.52	1972.80
木制品	−6.03	−3.08	8.28	18.24	34.15	33.70	33.99
纸制品和印刷品	−53.13	−59.58	−70.70	−66.05	−59	−66.93	−87.80
提炼油和核燃料	−108.86	−181.34	−335.46	−464.66	−713.28	−850.35	−1374.79
化学产品	−96.99	−132.62	−180.23	−187.3	−184.33	−174.84	−80.37
橡胶和塑料	−98.19	−122.13	−158.89	−156.07	−166.37	−184.03	−193.79
其他非金属矿产品	33.79	43.06	60.88	88.73	116	138.23	178.01
金属及其制品	−58.63	−128.15	−30	25,56	278.02	397.01	654.58
机械设备	−143.65	−161.43	−83.78	280.99	614.80	1174.01	1732.82
运输设备	−9.71	−19.15	15.27	85.75	86.99	199.62	309.44
杂项制品及回收		249.78	350.83	450.65	552.73	687.35	834.12
总商品顺差	304.3	254.7	320.9	1020	1774.8	2618.3	2981.3

资料来源：《中国统计年鉴》（2003～2009 年，历年），作者根据中国国家统计局《国民经济行业分类》与《国际标准产业分类》对照表整理。

从表 11.2 我们可以看到，中国制造业贸易顺差主要来源于纺织、服装和皮革制造业、机械设备制造业、杂项制品业、运输设备制造业、其他非金属矿产品制造业等部门。其中纺织、服装和皮革制造业和机械设备制造业几乎成为中国巨额顺差最主要的来源，这些产业的大量顺差弥补了其他产业的贸易逆差。其中，纺织业顺差占据中国总商品顺差的比重从 2006 年的 81% 下降到 2008 年的 66%，而机械设备制造业从 2004 年开始出现贸易顺差，以后其占总商品顺差的比重各年开始上升，从 2006 年的 34% 上升到 2008 年的58%。这些数字说明中国制造业顺差主要依赖于高度劳动密集、技术水平较低的纺织业和技术密集的机械设备制造业[1]，但是技术水平低的行业对出口的贡献在逐步降低，而技术水平高的行业对出口的贡献有很大程度的提高，技术水平处于中等程度的产业如运输设备、金属制品、杂项制品、木制品等均存在贸易顺差，且这些产业占总商品顺差的比重逐年略有上升。而其他存在逆"母市场效应"的部门如食品、饮料和烟草行业（规模报酬不变，产品高度同质化）、提炼油和核燃料（资源密集）则呈现贸易逆差。第四章通过对 HS 码两位数产品"母市场效应"的检验，我们发现，中国出口的产品主要是劳动密集型的，这些产品由于低成本、技术含量低而价格很低，在国际贸易中颇具竞争优势。这似乎说明中国的出口增长模式主要还是数量扩张，而并不是通过提高产品技术含量而进行的价格扩张。

价格扩张对于经济增长的影响主要体现在价格扩张意味着本国出口产品品质的上升，在国际分工格局中由低端转化为高端，更容易实现技术进步从而推动经济增长。从实证的角度看，价格扩张往往表现为出口产品具有更高的价格，在同一产业层次内，属于该产业的高档产品，通过提升产品档次促进出口贸易的增长。从供给的角度看，具有较高技术水平和较丰富资本的发达国家往往出口产品具有较高的价格，从而采取价格扩张为主的出口贸易增长模式。斯科特（Scott，2004）发现，在同一产品内部，美国进口的商品的单价有着很大的差异，比如从日本进口的衬衫的价格是从菲律宾进口衬衫价格的 30 倍，平均看来，美国制造业进口产品的最高价格和最低价格比是 24；进一步，他发现来自技术充裕型和资本充裕型国家的产品往往具有较高的价

---

[1] 本研究中，机械设备制造业包括通专用机械设备，精密仪器仪表，电器电子通讯设备等子部门，这些部门是属于技术密集型的。

格，劳动劳动充裕型国家的产品往往具有较低的价格；从动态看，不断实现技术和资本深化的国家，其产品的单价往往具有更高的增长幅度。胡梅尔斯和克列诺（Hummels & Klenow，2005）发现，构成贸易大国的一个重要原因是高价格，即贸易大国的产品往往具有较高的价格，进一步一国出口产品的价格与一个国家的人均收入水平密切相关。总之，从供给的角度看，不同国家确实呈现了不同的出口贸易增长模式，发达国家价格扩张是典型模式，而发展中国家数量扩张是典型的模式。阿拉（Hallak，2006）发现一个国家出口产品的品质对于双边贸易量增长具有极其重要意义。在传统的引力模型基础上，他加入了出口国产品品质与进口国收入水平的交叉项，发现这一项是显著为正的，说明收入高的国家确实偏向于进口价格高品质高的产品，从而验证了的林德（Linder，1961）的假设。这说明，一个国家确实可以通过提高价格和品质来继续促进出口贸易的增长，并且这一模式在发达国家市场更具有可行性。芳登等（Fontagne et al，2007）计算了 200 个国家在 HS6 位数水平上的产品单价，结论发现发达国家并没有受到来自发展中国家出口贸易迅速增长的影响，其主要原因在于发展中国家主要出口低价格低品质产品，发达国家主要出口高品质高价格产品，由于市场定位不同，因此，受影响程度也较小，其中欧盟国家受到冲击要小于美国和日本。鲍德温和纠（Baldwin & Tadashi，2008）则直接从产品层次定义了不同的竞争策略，根据梅里兹（Melitz，2003）以及鲍德温和哈里根（Baldwin & Harrigan，2007）的理论预测，如果一个产品是依靠数量扩张产品，那么他的单价应该随着贸易伙伴的距离增加而减少，反之如果一个产品如果是依靠价格扩张产品，那么他的单价应该随着贸易伙伴的距离增加而增加，据此，利用一国同一产品对不同贸易伙伴的单价对双边距离回归，从而定义产品是否为价格扩张性产品。结论发现，欧美国家价格扩张型（品质竞争型）产品的比例远高于中国，从而说明不同的国家具有不同价格策略选择。

中国制造业出口已经维持了多年的快速增长，出口品广度扩张和数量扩张都已达到了很高的层次。但是通过低成本从而低价格而维持的出口品数量扩张是不能持久的。如果一味进行数量扩张，从长期看会有两个后果：从消费的角度看，消费者已经接受了太多的来自一个国家的某种产品，根据边际效用递减的原则，出口国面临价格降低的压力；但是消费者又具有多样化偏好，并且随着经济增长的历史进程，消费者对高价格、高品质商品的需求也会逐渐上升，同时出口迅速增加导致贸易顺差过大，也会招致本币升值的国际压力。当前中国劳动力成本在逐渐上升，所以出口品价格不可能降低，这样中国制造业出口品，必须得提高科技含量，由数量扩张转向价格扩张。同时从生产的角度看，在数量扩展阶段，由于利用了大量的能源和资源，进一步通过数量模式来实现出口的思路逐渐会丧失物质基础，难以为继，所以转变出口增长模式，由数量扩张转向价格扩张似乎也是必然选择。

二、加快制造业资本积累，促进产业结构升级

根据第五章的研究结果，中国制造业总体虽然呈现显著的"母市场效应"，但是比较优势效应对出口的促进作用更大，同时第六章的结果也显示，中国的出口品主要还是劳动密集型的，这都说明到目前为止，中国的出口很大程度上依然依赖于劳动力要素这一比较优势，并没有充分发挥大的母市场对出口的促进作用。一旦中国制造业加快了资本积累从而促进产业结构的升级，那么在双边贸易中，在两国具有相似要素禀赋比较优势的情况下，就更容易发挥中国母市场的优势。下面以开放经济的新古典增长模型为理论基础，构建中国制造业的人均产值对人均资本的生产函数，来考察中国制造业在开放经济条件下资本积累的动因。

以 2004~2008 年中国制造业人均资本为自变量，以人均制造业总产值为因变量构建如下检验函数：

$$\ln y_i = \beta_0 + \beta_1 \ln k_i + \varepsilon \tag{11.1}$$

其中 y_i 为行业 i 的人均总产值，y_i = 行业总产值/行业职工人数，k_i 为行业 i 的人均资本，k_i = 行业总资产/行业职工人数，ε 为随机扰动项。

本书根据中国国家统计局《国民经济行业分类》与《国际标准产业分类》对照表利用《中国统计年鉴》（2005~2009 年，历年）整理出 ISIC 一共 12 个行业 2004~2008 年的人均总产值和人均资本数据。

pooled OLS 回归结果见表 11.3。

表 11.3 基于（11.1）式的回归结果

因变量	lnk	常数项	R^2	N
lny	1.04 *** (0.05)	-0.33 (0.57)	0.87	60

注：回归系数下括号内为标准差，*** 代表1%的显著性水平。

从表11.3来看，人均资本的系数为1.04，非常接近于1，这意味着中国制造业人均产量和人均资本的关系非常接近于线性关系。如果这种关系是线性的，则意味着资本的边际产出为一常数，这使得资本积累能够以不变边际产出增加，这一不变边际产出也将确保资本积累持续进行下去，从而成为制造业资本积累的最大动因。根据上面的检验结果，我们认为中国制造业人均产量和人均资本存在线性关系就有了合理性，于是我们可以对下式进行回归，计算出中国制造业资本的边际产出：

$$y_i = \beta_0 + \beta_1 k + \varepsilon \qquad (11.2)$$

Pooled OLS 回归结果见表11.4。

表 11.4 基于（11.2）式的回归结果

因变量	k	常数项	R^2	N
y	1.80 *** (0.08)	-23041.61 *** (4738.20)	0.9007	60

注：回归系数下括号内为标准差，*** 代表1%的显著性水平。

从表11.4我们可以看到，中国制造业资本的边际产出为1.80，这意味着资本的积累始终能够通过这一不变边际产出的刺激而得到增加。通过中国制造业数据所导出的资本具有不变边际产出这一结果非常有意义，这样就可以通过资本积累来提高中国制造业资本富裕程度，引导制造业从劳动密集型产业为主向资本密集型产业为主转变，推动制造业产业结构的改善，实现产业结构升级的目的。

中国制造业资本边际产出不变并不令人惊讶。实际上，资本的边际产出不变也曾是解释东亚国家在20世纪60～90年代出现经济增长奇迹的重要原因之一，即要素驱动假说（Mankiw，1995；Findlay，1996；Ventutr，1997）。在文图（Ventutr，1997）的模型中，由于存在莱布钦斯基效应，资本的边际产出并没有因为东亚国家的资本积累和经济增长而出现递减，这些国家在维持经济快速增长的同时，资源从劳动密集型行业转向资本密集型行业。生产结构的这种转型，增加了对资本的需求从而也有助于维持资本的边际产出。芬斯特拉（Feenstra，2004）认为，文图（1997）模型提供了增长模型的第三种类型，在此模型中，既不存在索洛模型中的资本边际报酬递减，也不存在因为投入品种类增加导致的内生增长，根据莱布钦斯基效应，增长在没有报酬递减的情况下发生。这一分析框架最适合分析发展中国家的经济增长经验。同时要素驱动假说也得到了经验研究的支持（Young，1992，1995；Kim & Lau，1994；Krugman，1994；Collins & Bosworth，1996；Kohli，1997；Kee，2005；Debaere & Demiroglu，2006；Batista & Potin，2007 等）。

从 2000 年至今的发展情况来看，资本积累改善了制造业的要素使用状况，中国制造业各行业的资本劳动比例状况已得到了较大改善，人均资本比例在上升，虽然劳动密集型行业仍是比较优势的主导行业，但部分资本相对密集的行业也正成为比较优势行业或其比较劣势在减小。中国制造业通过资本积累引导产业结构调整的时机已日趋成熟。从中国制造业的人均产值对人均资本的生产函数可以看出，该函数可以看作是线性函数，即资本的边际产出接近于常数，这为中国制造业资本积累带来了直接的推动力。而且中国制造业资本密集型行业人均资本和人均产值的改善程度要优于劳动密集型行业，这说明中国制造业的产业结构在改革开放以来已经表现出了一定程度的优化。不过，中国制造业要彻底改善产业结构，资本和技术积累仍是未来的重要工作。只有制造业产业通过资本积累使这些产业在要素密集度上和贸易伙伴国相比没有比较劣势，那么中国这些资本和技术密集的行业的母市场优势才能得到更充分的发挥。

三、加快自由贸易协定的谈判

第三章我们分析了"母市场效应"的强度所依赖的一些参数，从理论上说明了贸易障碍的降低会导致更强的"母市场效应"，降低各种人为因素所导致的贸易扭曲会使市场大小对贸易模式的决定作用更加明显。同时第六章采用贝格施特兰德（Bergstrand，1989）引力模型对中国制造业出口品"母市场效应"所做的经验研究表明，自由贸易协定对中国制造业产品出口具有明显的促进作用，相比而言，其他虚拟变量如是否有共同语言、是否接壤、是否有历史文化纽带等对中国制造业出口的影响并不显著，而且对不同产品的影响方向也很不一致。所以中国加快与伙伴国的自由贸易协定谈判对于充分发挥中国这一大的母市场优势相当有利。

从现有研究文献来看，FTA 的签订会带来贸易效应、投资效应和经济增长效应等一些经济福利效应。

首先，FTA 的签订会带来贸易效应。维内（Viner，1950）提出关税同盟理论，出关税同盟理论，突破了关于区域性关税减让、贸易自由化对经济具有积极作用的传统论点，从国际生产和交换角度入手，提出了贸易创造和贸易转移两种效应。维内认为，建立关税同盟其既可能增加也可能减少成员国和世界其他国家的经济福利，这取决于产生关税同盟的环境是否能从关税同盟的建立中获益，取决于贸易创造效应与贸易转移效应相互比较的实际结果。关税同盟成员之间相互取消关税而带来的成员国收入转移将逐渐表现为成员国之间关税收入的重新分配。利普西（Lipsey，1957，1960）进一步修正维内关于贸易创造有利于社会福利，贸易转移不利于社会福利的观点。利普西认为，即使是导致贸易转移的关税同盟，其对社会福利的影响也可能是正面的。乔瑞斯（Gehrels，1956）也认为，贸易转移是否一定减少国际福利还要取决于商品间有无替代性。如果商品间有替代性，则贸易转移也可能增加福利。20 世纪 70 年代末开始，新贸易理论的发展为贸易创造的产生提供了新的解释。克鲁格曼（Krugman，1979）、迪克西特和诺曼（Dixit & Norman，1980）解释了区域经济一体化内的贸易现象，认为一体化能使规模经济效应得到更好利用，同时增加消费品种类数，从而增大消费者的福利。利用新贸易理论解释区域经济一体化收益的方法成为 20 世纪 80 年代以来这类理论的主流。该理论的重要意义在于说明在不完全竞争条件下，市场一体化的收益要远远大于传统关税同盟理论所显示的收益。

其次，FTA 的签订带来投资效应。FTA 的建立使成员国所面临的市场扩大，竞争加强，从而促使区域内投资的增长。这一方面表现在本国资本的投资增加，另一方面则表现为吸引其他成员国和非成员国的资本进入本国。投资的增加主要来源于两方面：一方面，为了提高竞争能力，原有厂商会增加投资，区域内出现其他投资机会，也会使得投资增加；另一方面，FTA 的建立可能刺激非成员国在成员国内建厂，以避免强加在非成员国产品上的歧视性贸易壁垒（Cooper & Massell，1965）。此外，成员之间关税的取消，使得来自伙伴国的资本品价格下降，促进了 FTA 成员的资本积累（Rivera-Batiz & Romer，1991）。金德尔伯格（Kindleberger，1966）在传统区域一体化理论的贸易创造和贸易转移的静态效应框架基础上提出了投资转移和投资创造。投资创造是对贸易转移的竞争性反应，由于区域内自由贸易导致外部厂商相对成本增加，提高了对外的相对保护水平，导致贸易由原来低成本的外部国家转到区域内国家，影响外部企业的竞争优势，外部国家厂商为了取得失去的区内市场而转向在区域内生产，区域内 FDI 流入增加。投资转移是对贸易创造的反映，当区域经济一体化协定导致贸易创造时，一些成员国区域内 FDI 将上升，以应对区域内生产结构的变化，由此引起区域内直接投资布局的调整与资源的重新配置，产生投资转移。在 FTA 对区域内投资的影响方面，巴拉萨（Balassa，1961）认为，与静态效应相比，区域经济一体化的动态效应对区内 FDI 流入的影响更明显。区域经济一体化通过影响成员国的市场结构，使该区域更有吸引力，促进厂商在更有效率的市场上寻求投资机会，FDI 流入增加。莫塔和诺曼（Motta & Norman，1996）运用寡头模型，区分了降低内部关税和非关税贸易壁垒引发的市场准入的影响和单个国家规模的影响，分析结果表明市场准入增加导致出口平台型 FDI，促进外部厂商对区域内投资，降低了产品价格，降低了集团内公司的利润水平，此时贸易和投资是互补的关系。马库森和维纳布尔斯（Markusen & Venables，1998，2000）则指出，两国之间贸易壁垒的削减在使其相互之间贸易增长的同时，将减少相互之间的水平直接投资，只有垂直型对外直接投资才有可能在贸易壁垒削减时与贸易量平行增长。所以，区域经济一体化与外国直接投资之间的关系是不确定的。但是，阿尔托蒙泰（Altomonte，2003）运用多国中心—外围模型指出，由于区域一体化程度的加深，使跨国公司有更多的赢利机会，从而使国际直接投资能够与区域贸易一样平行增长。在 FTA 对区域内成员投资的影响方面，普加和维纳布尔斯（Puga & Venables，1997）构造了一个多国中心—外围模型。运用该模型，普加和维纳布尔斯指出，在一个中心—外围的区域安排中，厂商将倾向于向中心国集聚，因为外围国从其他外围国家得到的消费与生产需求都非常有限，而中心国正好相反。鲍德温和维纳布尔斯（Baldwin & Venables，1995）认为自由贸易区或是关税同盟建立以后，通过对非成员国的歧视性待遇，成员国与非成员国所面临的机会成本发生了改变，再加上市场扩大为成员国带来的规模经济的优势，商品的生产倾向于转移到取消关税壁垒的区域内生产。

最后，FTA 的建立可以带来经济增长效应。FTA 制度安排通过各种直接或间接渠道影响成员国的经济增长效果（Waltz，1997）。FTA 影响成员国经济增长效果的渠道除了前述的贸易与投资效应外，还主要有规模经济、生产转移、竞争加强、技术变化、资本积聚等方面。科登（Corden，1972）对关税同盟形成后规模经济产生的福利效应进行了局部均衡分析，从理论上说明了规模经济也是发展中国家经济一体化的重要动力。生产规模的扩大使单位产品分摊的固定成本减少、专业化分工使生产更有效率、大规模采购使原料价格更低等使得某成员国以较低成本供应国内市场，从而产生成本降低效应。巴拉萨（Balassa，1966）认为，FTA 除了给成员国的生产厂商带来前面提到的内部规模经济外，还会带来因整个经济体系的发展所产生的外部规模经济。皮尔森和英格拉姆（Pearson & Ingram，1980）认为，对发达国家而言，规模经济的获得将有助于其幼稚产业向具有国际竞争力的产业转变。艾萨和霍恩（Either & Horn，1984）以及史密斯和维纳布尔斯（Smith & Venables，1988）在对区域一体化问题的研究中，对市场分割、非完全竞争以及规模报酬递增之间的经济联系进行了更为细致的分析。FTA 的建立，在一定程度上消除了成员国对市场的保护，使厂商面临的竞争加剧，从而促进成员国生产厂商努力改进生产技术、提高生产率，使经济资源在更大的区域内更有效地配置。西托夫斯基（Scitovsky，1958）认为，只有共同市场和贸易自由化条件下的激烈竞争才能够打破西欧国家高利润率、高价格、狭窄的市场和资本周转率低的恶性循环。除此之外，FTA 还促进了区域内新技术、新观念、新管理方式的交流和传播。此外，威瑞贝蒂兹和罗默（Rivera-Batiz & Romer，1991）还认为，经济一体化能够以联合 R&D 代替各个国家的单独行动，并能促进成员方在特定专业化模式下技术思想的相互交流，因此，这一组织形式可使知识和技术在更大范围内传播和扩散，从而加速经济增长。

FTA 的建立所带来的经济福利效应说明，FTA 的建立可以提高行业规模经济程度，并通过行业竞争的加剧促进产品技术含量和差异化程度的提高。而规模经济程度的提高和产品技术含量的提高从理论上讲则意味着行业更强的"母市场效应"。目前，中国已与东盟、秘鲁、智利、新西兰、巴基斯坦、新加坡等国家或地区签订了FTA，本书对中国制造业"母市场效应"的研究仅仅是附带证明了FTA对中国制造业的出口具有明显促进作用，对于FTA的建立对于中国经济增长、产业结构的调整、以及具体评估与以上国家和地区签订FTA后所带来的经济福利效应、以及提出中国选择FTA伙伴国的策略等将不做过多探讨，这也超出了本书讨论的范围。

第三节　需要进一步研究的问题

首先，从"母市场效应"在国际贸易上的含义来讲，本书的理论工作有些问题没有涉及或者涉及得并不深。本研究没有考察厂商异质性基础上"母市场效应"的存在性问题、也没有考察非位似偏好和产品垂直差异化情形（产品质量的差异）、出口目的地异质性下的对外贸易模式及"母市场效应"的表现形式。如果我们假定厂商生产力水平的差异、假定消费者的非位似偏好和产品质量的差异，假定出口目的地的异质性，实际上，"母市场效应"理论可能还与行业的技术创新存在传导关系（Caron et al，2014），与发展中国家普遍存在的技能溢价有着密切关联（Verhoogen，2008），与制造业产品出口价格广泛的国际差异有着密切的联系（Manova & Zhang，2012；Feenstra & Romalis，2014；Antoniades，2015）；同时也涉及了发展中国家技术创新带来的全球收入分配含义等问题（Schott，2004、2008；Khandelwal，2010）。而上述重要问题也是目前国际贸易最为前沿和激动人心的领域。

其次从"母市场效应"的新经济地理学含义上来讲，许多现实问题也亟待研究。"克鲁格曼断言，中国的经济地理，非常符合新经济地理学的框架。这是因为，首先，出现了非常明显的中心—外围结构……然后是关于产业区位的问题……中国存在成千上万的产业集群……在中国以及其他新兴经济体，新经济地理学的模型对于我们所看到的现象有广泛的应用，它对于理解世界经济的飞速发展具有重要作用"，"中国这片广袤大地上正在发生的空间巨变是深邃的空间济学理论和思想的最好试验场"（梁琦，2012）。当前，中国区域不平衡问题已成为实现"中国梦"的重要障碍。空间经济方法对分析和处理这一问题提供了极好的启示。未来我们不禁要思索并回答这样的问题：空间不平衡在经济发展过程中的演化，在何种程度上这种不平衡会自我纠正，或者持续下去？从经验上来讲，根据威廉姆森（Williamson，1965），空间不平衡程度呈现先升后降的趋势。但是从理论上讲，是哪些因素决定了经济活动的分散或者空间不平衡的持续？国家发展有没有需要遵循的通常模式？经济发展到何种程度，才能够从现存的集聚中走出？这些问题在城市化进程中都是非常重要的，培育新的中心城市需要规模报酬递增，而报酬递增又需要基础设施建设上的投资和厂商汇聚产生的外部性。建立一个新的中心城市难度系数有多大，或者经济活动还是倾向于锁定在已有的中心？建立一个新的中心城市，促进区域协调发展需要什么样的制度安排？正如梁琦（2012）所言："不仅是空间经济学与国际贸易结合起来，同时也与城市经济和发展经济学结合起来，是空间经济学研究在中国进一步发展的方向"。

而上述诸多问题正是本书的作者在未来需要进一步研究的。

参考文献

中文文献

［1］白英瑞，康增奎．欧盟：经济一体化理论与实践［M］．北京：经济管理出版社，2002.

［2］范剑勇，张雁．经济地理与地区间工资差异［J］．经济研究，2009（8）.

［3］范剑勇，谢强强．地区间产业分布的本地市场效应及其对区域协调发展的启示［J］．经济研究，2010（4）.

［4］高敬峰．中国制造业比较优势与产业结构升级研究［D］．2008.

［5］金载映．区域经济一体化与区域经济一体化理论［J］．世界经济文汇，1998（2）.

［6］李慧中，祁飞．扩大内需：基于"母市场效应"的理论评述［J］．学海，2011（1）.

［7］李慧中，祁飞．中国制造业对外贸易"母市场效应"的经验研究［J］．复旦学报，2011（1）.

［8］李慧中，祁飞．中国制造业产品出口的"母市场效应"［J］．世界经济研究，2012（3）.

［9］李颖．基于我国内需结构失衡的财政货币政策协调配合研究［D］．2009.

［10］梁琦．产业集聚论［M］．北京：商务印书馆，2004.

［11］梁琦．空间经济学在中国［J］．经济学（季刊），2012，11（3）.

[12] 祁飞. 中国对外贸易模式经验研究 [J]. 世界经济研究, 2011 (1).

[13] 祁飞, 李慧中. "母市场效应": 来自中国制造业对外贸易面板数据的证据 [J]. 财经研究, 2011 (3).

[14] 祁飞, 李慧中. 扩大内需与中国制造业出口结构优化: 基于 "母市场效应" 理论的研究 [J]. 国际贸易问题, 2012 (10).

[15] 祁飞. 区域不平衡的内生性 [J]. 财经科学, 2015 (5).

[16] 祁飞. 中国区域不平衡成因的经验研究 [J]. 统计与决策, 2015 (18).

[17] 钱学锋, 梁琦. 本地市场效应: 理论和经验研究的新近进展 [J]. 经济学 (季刊), 2007, 6 (3): 969 – 990.

[18] 施炳展. 出口增长模式及其对经济增长模式的影响: 跨国实证分析 [D]. 2009.

[19] 张帆, 潘佐红. 本土市场效应及其对中国省间生产和贸易的影响 [J]. 经济学 (季刊), 2006, 5 (2): 307 – 328.

[20] 张焦伟. FTA 的经济效应与我国伙伴选择策略研究 [D]. 2009.

[21] 张勇. 以内需结构调整为导向的财政政策转型研究 [D]. 2007.

英文文献

[1] Altomonte C. Regional Economic Intergration and the Location of Mutinational enterprises [C]. Flowenla Discussion Paper, Hamburgisches Welt-Wirtschafts-archiv, Hamburg Institute of International Economics, Hamburge Germany, 2003.

[2] Amiti M. Inter-industry Trade in Manufactures: Does Country Size Matter? [J]. Journal of International Economics, 1998 (44): 231 – 255.

[3] Amiti M. New Trade Theories and Industrial Location In The EU: A Surcey Of Evidence [J]. Oxford Review Of Economic Policy, 1998, 14 (2): 45 – 53.

[4] Amiti M. Location of vertically linked industries: Agglomeration versus comparative advantage [J]. European Economic review, 2005 (49): 809 – 832.

[5] Amiti M, Javorcik S. Trade costs and Location of Foreign Firms in China

[J]. Journal of Development Economics, 2008, 85 (1 -2): 129 -149.

[6] Anderson J E. A Theoretical Foundation for the Gravity Equation [J]. American Economic Review, 1979 (69): 106 -116.

[7] Armington P S. A theory of demand for products distinguished by place of production [C]. IMF Staff Papers, 1969 (16): 159 -176.

[8] Balassa B. Trade Liberalization and Revealed comparative Advantage [J]. The Manchester school of Economics and Social Studies, 1965 (33): 99 - 123.

[9] Baldwin, Venables. Regional Economic Intergration In Grossman and Rogoff (eds) [G]. Handbook of International Economic, Vol. Ⅲ, 1995, Amsterdam: Elsevier.

[10] Baldwin, Tadashi. Quality Competition versus Price Competition Goods: An Empirical Classification [C]. HEID Working Paper No. 7, 2008.

[11] Baldwin, Harrigan. Zeros, Qulity and Space: Trade Theory and trade Evidence [C]. NBER Working Paper No. 13214, 2007.

[12] Baldwin R E, Martin P, Ottaviano G I P. Global income divergence, tradeand industrialization: The geography of growth take-offs [J]. Journal of Economic Growth, 2001 (6): 5 -37.

[13] Baldwin R, Okubo T. Heterogeneous firms, agglomeration and economicgeography: spatial selection and sorting [J]. Journal of Economic Geography, 2004 (6): 323 -346.

[14] Batista C, Poti J. International specialization and the marginal product of capital 1976 -2000 [C]. Oxford Working paper No. 357, 2007.

[15] Bergstrand J H. The Gravity Equation in International Trade: some Microeconomic Foundations and Empirical Evidence [J]. The Review of Economics and Statistics, 1985 (67): 474 -481.

[16] Bergstrand J H. The Generalized Gravity Equation, Monopolistic Competition, and the Factor-Proportions theory in International Trade [J]. The Review of Economics and Statistics, 1989 (71): 143 -153.

[17] Bergstrand J H. The growth of world trade: tariffs, transport costs, and

income similarity [J]. Journal of international economics, 2001 (53): 1 – 27

[18] Behrens k, Lamorgese A, Ottaviano G, Tabuchi T. Beyond the home market effect: Market size and specialization in a multi-country world [J]. Journal of international economics, 2009 (79): 259 – 265.

[19] Brander J. Intra-industry trade in identical commodities [J]. Journal of International Economics, 1981 (11): 1 – 14.

[20] Broda C, Weinstein D E. Globalization and the gains from variety [J]. Quarterly Journal of Economics, 2006 (121): 541 – 585.

[21] Brooks. Why Don't Firms Export more? Product Quality and Columbian Plants [J]. Journal of Development Economics, 2006 (80): 160 – 178.

[22] Caron J, Fally T, Markusen J R. International Trade Puzzles: A Solution Linking Production and Preferences [J]. The Quarterly Journal of Economics, 2014, 129 (3): 1501 – 1552.

[23] Cavallaro, Mulino. Quality Upgrading, Technological Catching Up and trade: The Case of Central and Easten European countries [EB/OL]. http: // www. etsg. org/ETSG2007/papers/mulino. pdf.

[24] Brooks. Why Don't Firms Export more? Product Quality and Columbian Plants [J]. Journal of Development Economics, 2006 (80): 160 – 178.

[25] Cooper C A, Massell B F. Toward General Theory of Costoms Unions for Development Countries [J]. Journal of Political Economy, 1965 (73): 279.

[26] Corden M W. Economies of Scale and Costoms Union Theory [J]. Journal of Political Economy, 1972 (80): 465 – 475.

[27] Cosar A K, Fajgelbaum P. Internal Geography, International Trade, and Regional Specialization [C]. NBER Working Paper, 2013.

[28] Crozet M, Trionfetti F. Trade costs and the Home Market Effect [J]. Journal of International Economics, 2008 (76): 309 – 321.

[29] Davis D, Weinstein D. Economic Geography and Regional Production Structure: An Empirical Investigation [J]. European Economic Review, 1999, 43 (2): 379 – 407.

[30] Davis D, Weinstein D. Market Access, Economic Geography and

Comparative Advantage: An Empirical Test [J]. Journal of International Economics, 2003, 59 (1): 1 - 23.

[31] Davis D. The Home Market, Trade and Industrial Structure [J]. American Economic Review, 1998, 88 (5): 1264 - 1276.

[32] Davis D and Weinstein D. Does Economic Geography Matterfor International Specialisation ? [C]. NBER Working Papers5706, 1996.

[33] Deardorff, Alan V. The General Validity of the Heckscher-Ohlin Theorem [J]. American Economic Review, 1982, LXXII, 683 - 694.

[34] Deardorff, Alan V. Determinants of bilateral trade: does gravity work in a neoclassical world [J]. The Regionalization of the world economy, 1998.

[35] Debaere P M, Demiroglu U. Fator Accumulation without dimishing returns: the case of East Asia [J]. Review of International Economics, 2006, 14 (1): 16 - 29.

[36] Dekle R, Eaton J. Agglomeration and land rents: evidence from the prefectures, Journal of Urban Economics, 1999, 46 (2): 542 - 562.

[37] Dixit A K, Stiglitz J E. Monopolistic Competition and Optimal Product Diversity [J]. American Economic Review, 1977, 67 (3): 297 - 308.

[38] Dulleck. Dimentions of Quality Upgrading [J]. Economics of Transition, 2005 (13): 51 - 76.

[39] Ellison G, Glaeser E L. Geographic concentration in US manufacturing industries: Adartboard approach [J]. Journal of Political Economics, 1999, 105 (5): 889 - 927.

[40] Evenett, Wolfgang K. On Theories explaining the success of the gravity equation [J]. Journal of Political Economy, 2002 (110): 281 - 316.

[41] Feenstra R C, Markusen J A, Rose A K. Using the gravity equation to differentiate among alternative theories of trade [J]. Canadian Journal of Economics, 2001 (34): 430 - 447.

[42] Feenstra R C. Advanced International Trade: Theory and Evidence [M]. Oxfordshire: Princeton University Press, 2004.

[43] Feenstra R C, Romalis J. International Prices and Endogenous Quality

[J]. The Quarterly Journal of Economics, 2014, 129 (2): 477 – 527.

[44] Felbermayr G, Jung B. Home market effect, Regional inequality, and Intra-industry Reallocations [C]. University of Tuebingen Working Papers in Economics and Finance, 2012.

[45] Findlay. Modeling Global interdependence: Centers, peripheries and frontiers [J]. American Economic Review, 1996, 86 (2): 47 – 51.

[46] Fontague. Specialization Across Varieties Within Products and North-South Competition [C]. CEPII Working Paper, No. 07 – 06.

[47] Fujita M, Mori T. The Role of ports in the making of major cities: Self-agglomeration and hub-effect [J]. Journal of Development Economics, 1996 (49): 93 – 120.

[48] Fujita M, Krugman P, Venables A. The Spatial Economy: Cities, Regions, and International Trade. Cambridge [M]. MA: MIT Press, 1999.

[49] Gao T. The impact of foreign trade and investment reform on industry location: the case of China [J]. Journal of International Trade and Economic Development, 2003, 11 (4): 367 – 386.

[50] Ge Ying. Regional inequality, industry agglomeration and foreign trade: The case of china [D]. Helsinki: UNU-WIDER, 2006.

[51] Glaeser E L, Kallal H D, Scheinkman J A, Shleifer A. Growth in cities [J]. Journal of Political Economy, 1992, 110 (6): 1126 – 1152.

[52] Gene G. Comment in The Regionalization of the World Economy [R]. 1998.

[53] Hallak. Estimating Cross-Country differences in Product Quality [C]. NBER Working PaperNo. 13807, 2008.

[54] Hanson G, Chong X. The Home Market Effect and Bilateral Trade Patterns [J]. American Economic Review, 2004, 94 (4): 1108 – 1129.

[55] Hanson G. Scale Economies and the Geographic Concentration of Industry [J]. Journal of Economic Geography, July 2001b, 1 (3): 255 – 276.

[56] Hasan. New Evidence On Product Quality and Trade [C]. CAEPR Working PaperNo. 019, 2006.

[57] Harrigan J. Scale Economies and the Volume of trade [J]. Review of Economics and Statistics, 1993 (76): 321 –328.

[58] Harrigan J. Openess to trade in Manufactures in the OECD [J]. Journal of International Economics, 1996 (40): 23 –39.

[59] Haveman J, Hummels D. Alternative Hypotheses and the Volume of Trade: The Gravity Equation and the Extent of Specialization [J]. The Canadian Journal of Economics, 2004 (37): 199 –218.

[60] Head K, Ries J. Increasing Returns Versus National Product Differentiation as an Explanation for the Pattern of US-Canada Trade [J]. American Economic Review, 2001, 91 (4): 858 –876.

[61] Head K, Ries J. On the Pervasiveness of Home Market Effects [J]. Economica, 2002, 69 (275): 371 –390.

[62] Head K. The Empirics of Agglomeration and Trade [C]. CEPR Working Paper3985, also in Henderson, J. and J-F. Thisse (eds), Handbook of Urban and Regional Economics. Amsterdam: North Holland, 2004.

[63] Helpman E, Krugman P. Market Structure and Foreign Trade: Increasing Returns, Imperfect Competition and The International Economy [M]. Cambridge (Mass): MIT Press, 1985.

[64] Helpman E. International trade in the presence of product differentiation, economiesofscaleand monopolistic competition: a Chamberlin-Heckscher-Ohlin approach [J]. Journal of International Economics, 1981, 11 (3).

[65] Helpman E. A Simple theory of Trade with Multinational Corporations [J]. Journal of Political Economy, 1984, 92 (3), 451 –471.

[66] Henderson V, Kuncoro A, Turner M. Industrial development and cities, Journal of Political Economy1995, 103 (6): 1067 –1085.

[67] Henderson V. Marshall's scale economies, Journal of urban economics, 2003 (53): 1 –28.

[68] Holmes T, Stevens J. Does Home Market Size Matter for the Pattern of Trade ? [J]. Journal of International Economics, 2005, 65 (2): 489 –505.

[69] Huizhong Li, Fei Qi, Shaoxuan Zhang. Home market effects of foreign

trade in China's manufacturing sector: analysis using International Standard Industry Classification panel data [J]. China & World Economy, 2012 (3).

[70] Hummels D, Levinsohn J. Monopolistic competion and international trade: reconsidering the evidence [J]. Quarterly Journal of Economics, 1995 (110): 799 – 836.

[71] Hummels K. The Variety and Quantity of A Nation's Exports [J]. American Economic Review, 2005, 95 (3): 704 – 722.

[72] Khandelwal A. The Long and Short (of) Quality Ladders, The Review of Economic Studies, 2010, 77 (4): 1450 – 1476.

[73] Kee H L. Productivity or Endowments? Sectoral evidence for HongKong's aggregate growth [J]. Asian Ecoomic Journal, 2005, 19 (1): 51 – 81.

[74] Keller W. Geographic Localization of International Technology Diffusion [J]. American economic Review, 2002 (92).

[75] Kim, Lau. The Sources of Economic Growth of The East Asian newly industrializedcountries [J]. Journal of Japanese and International Economies, 1994, 8 (6): 235 – 271.

[76] Kim S. Expansion of Markets and the Geographic distribution of Economic Activities: the trends in US regional Manufacturing structure, 1860 – 1987 [J]. Quarterly Journal of Economics, 1995, 110 (4): 881 – 908.

[77] Kohli. U. Accounting for recent Economic Growth In Souitheast Asia [J]. Review of Development Economics, 1997 (3): 245 – 256.

[78] Krugman P. Increasing returns, monopolistic competition, and international trade [J]. Journal of International Economics, 1979, 9 (4): 469 – 479.

[79] Krugman P. Increasing returns and economic geography [J]. The Journal of Political Economy, 1991 (99): 483 – 499.

[80] Krugman P. Intraindustry Specialization and the Gains from Trade [J]. The Journal of Political Economy, 1981, 89 (5): 959 – 973.

[81] Krugman P. New Theories of Trade Among Industrial Countries [J]. The American Economic Review, 1983, 73 (2): 343 – 347.

[82] Krugman P. Scale Economies, Product Differentiation, and the Pattern

of Trade [J]. America Economic Review, 1980, 70 (5): 950 –959.

[83] Krugman P. The Myth of Asia's Miracle [J]. Foreign Affairs, 1994, 73 (6): 62 –78.

[84] Krugman P, Venables A J. Intergration and the Competitiveness of Peripheral Industry [R]. In Christopher Bliss and Jorge Braga de Mcedo, eds., Unity with diversity in the Eueopean economy, 1990: 56 –77.

[85] Krugman P, Venables A J. Globalization and the inequality of nations [J]. Quarterly Journal of Economics, 1995, 110 (4): 857 –880.

[86] Linder B. An essay on trade and transformation [C]. Uppsala: Almqvst and Wiksells, 1961.

[87] Mankiw. The Growth of Natons [G]. Brookings Papers on Economic Activity, 1995 (25): 275 –310.

[88] Manova K, Zhiwei Zhang, Export Prices across Firms and Destinations, The Quarterly Journal of Economics, 2012 (127): 379 –436.

[89] Markusen J, Venables A. Multinational Firms and the New Trade Theory [J]. Journal of International Economics, 1998 (46): 183 –203.

[90] Markusen J, Venables A. The Theory of Endowment, Intra-industry and Multi-national Trade [J]. Journal of International Economics, 2000 (52): 209 –234.

[91] Markusen J. Multinationals, Multiplant Economics, and the Gains from Trade [J]. Journal of International Economics, 1999, 48 (1): 7 –37.

[92] Martin P, Ottaviano G I P. Growing locations: Industry location in a model of endogenous growth [J]. European Economic Review, 1999 (43): 281 –302.

[93] Matthias, Toshiiro. Hetrogeneous Quality Firms and Trade Costs [C]. WPS No. 4550, 2008.

[94] McCallum J. National borders matter: Canada—US regional trade patterns [J]. American Economic Review, 1995, 85 (3): 615 –623.

[95] Melchior A. Market Size Effects as an Explannation of the Gravity Relationship in International Trade [C]. Paper to the Conference on International

Trade Market Structure, 1998, Norwegian Institute of International Affairs.

［96］Melitz M. The Impact of Trade on Intra Industry Reallocations and Aggregate Indust ry Productivity ［J］. Econometrica2003, 71 (6): 1695 – 1725.

［97］Motnout S, Zitouna H. Does North-South Intergration Affect Mutinational Firms Strategies ［J］. Review of International Economics, 2005, 13 (3): 485 – 500.

［98］Motta M, Norman G. Does Economic Intergration Cause Foreign Direct Investment? ［J］. International Economic Review, 1996, 37 (4): 757 – 783.

［99］Ohlin B. Interregional and International Trade ［M］. Harvard University Press, Cambridge, Mass, 1933.

［100］Okubo T. Trade liberalization and agglomeration with firm heterogeneity-forward and backward linkages ［J］. Regional Science and Urban Economics, 2009 (39): 530 – 541.

［101］Okubo T. Productivity Distribution, Firm Heterogeneity, and Agglomeration: Evidence from firm-level data, RIETI Discussion Paper, 2010.

［102］Ottaviano G. Regional policy in the global economy: insights from new economic geography, Regional Studies, 2003 (37): 665 – 673.

［103］Ottaviano G. "New" new economic geography: firm heterogeneity and agglomeration economies ［J］. Journal of Economic Geography, 2011 (11): 231 – 240.

［104］Puge D, Venables A. Perferential Trading Arrangement and Industrial Location ［J］. Journal of International Economics, 1997 (43): 347 – 368.

［105］Rauch J R. networks versus markets in international trade ［J］. Journal of international economics, 1999 (48): 7 – 37.

［106］Rivera-Batiz L, Romer P M. Economic Intergration and Endogenous Growth ［J］. Quarterly Journal of Economics, 1991 (106): 531 – 555.

［107］Rodríguez-Clare A. Clusters and comparative advantage: Implications for industrial policy ［J］. Journal of Development Economics, 2007 (82): 43 – 57.

［108］Romer P M. New goods, old theory, and the welfare costs of trade restrictions ［J］. Journal of Development economics, 1994 (43): 4 – 38.

[109] Rose A K. Why has world trade grown faster than income? [J]. Canadian Journal of Economics, 1991 (24): 417 –427.

[110] Cuairan S R, Sanz F. Bilateral Trade Flows, The Gravity Equation, And Function Form [J]. The review of economics and statistics, 1993, 75 (2): 266 –275.

[111] Schumacher D. Home Market and Traditional Effects on Comparative Advantage in a Gravity Approach [M]. DIW Discussion Paper344, 2003.

[112] Scitovsky T. Economic Theory and Westen European Intergration [M]. London: Geoge Allen and Unwin, 1958.

[113] Schott. Across-product versus Within-product specialization in international trade [J]. Quarterly Journal of Economics, 2004, 119 (2): 647 –678.

[114] Simonovska I. Income Differences and Prices of Tradeables, The Review of Economic Studies, 2015, 82 (4): 1612 –1656.

[115] Stefania. The Dynamics of Product Quality and International Competitiveness [C]. IMF Working PaperNo. 97.

[116] Solow R. A contribution to the theory of economic growth [J]. Quarterly Journal of Economics, 1956 (70): 65 –94.

[117] Toulemonde E. Does Production Fall in a Small Country When Trade Costs Decrease? Home Market Effects in the face of Multinationals [EB]. Http: // www. etsg. org/Toulemonde. pdf, 2005.

[118] Venables A J. Equilibrium Locations of Vertically Linked Industries [J]. International Economic Review, 1996, 37 (2): 341 –360.

[119] Venables A. Spatial disparities in developing countries: cities, regions and international trade [J]. Journal of Economic Geography, 2005, 5 (1): 3 –21.

[120] Ventutr. Growth and Interdependence [J]. The Quarterly Journal of Economics, 1996, 80 (2): 190 –207.

[121] Verhoogen E. Trade, Quality Upgrading, and Wage Inequality in the Mexican Manufacturing Sector [J]. The Quarterly Journal of Economics, 2008 (123): 489 –530.

[122] Waltz U. Dynamic Effect of Economic Intergration: A Survey [J]. Open Economics Review, 1997, 8 (3): 309 – 326.

[123] Weder R. Comparative Home Market Advantage: An Empirical Analysis of British and American Exports [J]. Review of World Economics, 2003, 139 (2): 220 – 247.

[124] Wei S J. Intra-national versus international trade: how stubborn are nations in global integration? [C]. National Bureau of Economic Research Working Paper5531, 1996.

[125] Young. A tale of two cities: Factor Accumulation and Technical change in Hong Kong and Singpore [C]. NBER Macroeconomics Annual, 1992: 13 – 53.

[126] Young. The tyranny numbers : Confronting the Statistical Realities of The East Asian growth Experience [J]. The Quarterly Journal of Economics, 1995, 110 (3): 641 – 668.

[127] Yu Z. Trade, Market Size, and Industrial Structure: the Home Market Effects Rivisited [J]. Canadian Journal of Economics, 2005, 38 (1): 255 – 272.

附　表

ISIC/Rev.3 制造业两位数代码名称对照表

代码	名　称	代码	名　称	代码	名　称
15	食品和饮料	23	提炼油和核燃料	31	电子设备和器械
16	烟草	24	化学和化学产品	32	无线电和通信设备
17	纺织	25	橡胶和塑料	33	医疗和精密仪器
18	服装、头饰	26	其他非金属矿产品	34	汽车
19	皮革和鞋	27	基本金属	35	其他运输设备
20	木制品	28	金属制品	36	杂项制品
21	纸产品	29	机械设备	37	废弃资源回收
22	印刷和出版	30	办公、会计和计算器械		

附表2　　　　**GB/T 4754—2002 制造业两位数代码名称对照表**

代码	名　称	代码	名　称	代码	名　称
13	农副食品加工业	19	皮革、毛皮、羽毛（绒）及其制品业	25	石油加工、炼焦及核燃料加工业
14	食品制造业	20	木、竹、藤、棕、草制品业	26	化学原料及化学制品制造业
15	饮料制造业	21	家具制造业	27	医药制造业
16	烟草制造业	22	造纸及纸制品业	28	化学纤维制造业
17	纺织业	23	印刷业和记录媒介的复制	29	橡胶制造业
18	服装、鞋帽制造业	24	文教体育用品制造业	30	塑料制造业

代码	名　称	代码	名　称	代码	名　称
31	非金属矿物品业	35	通用设备制造业	40	通信设备、计算机及其他电子设备制造业
32	黑色金属冶炼及压延加工业	36	专用设备制造业	41	仪器仪表及文化、办公用机械制造业
33	有色金属冶炼及压延加工业	37	交通运输设备制造业	42	工艺品及其他制造业
34	金属制品业	39	电子机械及器材制造业	43	废弃资源和废旧材料回收加工业

附表3　　　　HS2007制造业产品两位数代码名称对照表

代码	名　称	代码	名　称	代码	名　称
02	肉及食用杂碎	28	无机化学品	45	软木及软木制品
04	乳品、蛋品、天然蜂蜜，其他食用动物产品	29	有机化学品	46	编结材料制品
05	其他动物产品	30	药品	47	木浆、回收纸或纸板
09	咖啡、茶、马黛茶及调味香料	31	肥料	48	纸及纸板制品
11	制粉工业产品	32	染料、颜料、油漆、油墨	49	书籍、报纸等印刷品
12	饲料	33	香料及化妆品	50	蚕丝
15	动植物油脂及其分解产品	34	肥皂牙膏等产品	51	羊毛、纱线及其机织物
16	动物制品	35	蛋白质物类、淀粉、胶、酶	52	棉花
17	糖及糖食	36	炸药烟火制品	53	其他植物纺织纤维
18	可可及可可制品	37	照相及电影用品	54	化学纤维长丝
19	淀粉，糕饼点心	38	杂项化学产品	55	化学纤维短纤
20	植物制品	39	塑料及其制品	56	线、绳、索、缆及其制品
21	杂项食品	40	橡胶及其制品	57	地毯及其他铺地制品
22	饮料、酒及醋	41	生皮及皮革	58	特种机织物、花边、刺绣品
23	食品工业残渣及废料	42	皮革制品、旅行用品、包及动物肠线制品	59	工业用纺织制品
24	烟草制品	43	毛皮、人造毛皮及其制品	60	针织物及钩编织物
27	矿物燃料、矿物油	44	木及木制品、木炭	61	针织或钩编的服装

代码	名　称	代码	名　称	代码	名　称
62	非针织或非钩编的服装及衣着附件	75	镍及其制品	89	船舶及浮动结构体
63	其他纺织制成品	76	铝及其制品	90	精密仪器及设备
64	鞋、靴、护腿	78	铅及其制品	91	钟表及其零件
65	帽类及其零件	79	锌及其制品	92	乐器及其零附件
66	伞、手杖、鞭子及其零件	80	锡及其制品	94	家具、寝具、灯具及照明装置等
67	已加工的羽毛、羽绒及其制品	81	其他贱金属及其制品	95	玩具、游戏品，运动品
68	石料、石膏、水泥、石棉及类似材料的制品	82	贱金属工具、器具、利口器	96	杂项制品
69	陶瓷产品	83	贱金属杂项制品		
70	玻璃及其制品	84	核反应堆、锅炉、机器、机械器具及其零件		
71	贵金属及其制品	85	各种电机、电器、电子制品		
72	钢铁	86	铁道车辆及其零附件		
73	钢铁制品	87	车辆及其零附件		
74	铜及其制品	88	航空器、航天器及其零附件		

后　记

克鲁格曼 1980 年提出来的"Home Market Effects"这个概念在国内有多种译法，比如"本地市场效应""本土市场效应""国内市场效应""母市场效应"等。其中最有代表性的译法是梁琦教授提出的"本地市场效应"，这个译法范剑勇教授也沿用。我的导师李慧中教授将其译为"母市场效应"，自始至终，我会一直沿用恩师的译法。

这本著作本质上是多篇学术论文的集合。包含了李慧中教授主持的教育部一般项目和我个人主持的教育部青年项目的主要研究成果。其主要内容来自我的博士学位论文：《扩大内需与中国制造业出口结构优化：基于"母市场效应"的研究》（复旦大学，2011）。论文的每个部分均经过我的导师李慧中教授的数次悉心指导，几乎每个章节，我都与李老师有过交流和探讨。在著作出版之际，我向李老师表达最真诚的谢意，并永远祝福他和他的家人。

论文也得到了范剑勇老师的指导。为了做好关于"母市场效应"的经验研究这块，范老师多次参加了课题组的 Seminar，提出了宝贵的建议。当然，我也曾在他休息时间来到他的办公室，期望得到指点，也曾叫醒睡眼惺忪的他，还向他带的硕士研究生谢强强师弟求教。即使现在离开复旦大学五个年头，我还是能够在很多方面得到范老师的指导，真诚感谢范老师！

论文还得到陆铭老师的指点，洪远朋教授、严法善教授、俞忠英教授也提出了宝贵的建议，感谢他们。

感谢室友李小龙博士提供数值模拟的 Matlab 程序，感谢室友许祥云博士的建设性意见，你们的陪伴让我的博士阶段没有觉得生活那么了无趣味，因为你们，我常常怀念那个永远的 95 号楼 502 宿舍！

感谢父母多年来的培养，我农村长大，家境窘迫，求学多年早已一贫如洗。所幸父母尚在，而我亦能回到家乡工作常伴！

感谢妻子不离不弃，感谢女儿给我巨大精神动力。

最后感谢湖南省社科基金一般项目（15YBA296）、湖南省"十二五"重点建设项目产业经济学、湖南省高校科技创新团队"农地流转与农业经营方式转变创新团队"、湖南省社会科学研究基地"现代农业经营方式研究基地"的资助。

祁 飞

2016 年 7 月于常德